Leiden Sie noch unter Ihrer letzten Trennung? Sehnen Sie sich noch immer nach dem Typen, mit dem Sie sich vor zehn Jahren einmal verabredet hatten? Elizabeth Kuster macht Sie mit absolut sicheren Methoden vertraut, wie Sie die bösen Geister vergangener Liebesbeziehungen vertreiben – und trotzdem Ihre Selbstachtung und Ihren Humor behalten können.

Kuster bietet amüsante und äußerst hilfreiche Tricks und Techniken, die mitten aus dem Leben gegriffen sind. Mit messerscharfem Witz präsentiert sie unter dem Motto »Versuch es, und es wird dir gelingen« die Lösungswege vieler Frauen, die das Trauma einer zerbrochenen Beziehung überlebt haben – raffinierte (oder verzweifelte) Methoden, um über die Männer hinwegzukommen, die aus irgendwelchen Gründen glaubten, sie könnten auch ohne Partnerin leben.

Elizabeth Kuster

- schlägt Erste-Hilfe-Maßnahmen, harmlose Rachetaktiken und vieles mehr vor
- hilft Ihnen, Ihre Gefühle in der Zeit der Rekonvaleszenz aufzuarbeiten
- verhindert, daß Sie Ihren derzeitigen Freund für die Versäumnisse des Ex bezahlen lassen
- zeigt Ihnen, wie sie den abgewetzten Bademantel Ihres Ex aus dem Schrank entsorgen können
- nennt Filme, Bücher und Songs für jede Stimmungsphase.

Wie die Autorin selbst sagt: »Dieses Buch hilft Frauen dabei, Typen zu vergessen, die nichts für sie waren, damit sie eine gute Beziehung mit einem Typen eingehen können, der was für sie ist.«

Elizabeth Kuster lebt als freie Autorin in New York. Sie hat zum wiederholten Male erfolgreich mit einer Beziehung abgeschlossen. Über ihre Qualifikation als Autorin sagt sie: »Ein durchschnittliches Zeitschriftenabonnement hält doppelt so lange wie die meisten meiner Beziehungen. Wie man über Typen hinwegkommt, *darin* habe ich Erfahrung.«

Elizabeth Kuster

Aus Ex mach Hopp
Wie man über den Verflossenen
hinwegkommt

Aus dem Amerikanischen von
Alexandra Bartoszko

Fischer Taschenbuch Verlag

Veröffentlicht im Fischer Taschenbuch Verlag GmbH,
Frankfurt am Main, Februar 2000

Lizenzausgabe mit Genehmigung des
Wolfgang Krüger Verlages, Frankfurt am Main
Die amerikanische Originalausgabe erschien 1996
unter dem Titel ›Exorcising Your Ex. How to Get Rid
of the Demons of Relationships Past‹
im Verlag Simon & Schuster, New York
© 1996 by Elizabeth Kuster
Für die deutsche Ausgabe:
© Wolfgang Krüger Verlag, Frankfurt am Main 1997
Druck und Bindung: Clausen & Bosse, Leck
Printed in Germany
ISBN 3-596-14635-6

Dieses Buch ist Dir, der Leserin, gewidmet.
Möge es Dir Mut und Hoffnung geben
und vor allem ein Trost sein.

Inhalt

Erster Teil
Die ersten vier Monate: Willkommen in der Hölle

8 Anzeichen dafür, daß du an einem Trennungstrauma leidest

Zweiter Teil
Fünf bis acht Monate später:
Du bist immer noch nicht über ihn hinweg?

5 Anzeichen dafür, daß du keinen sauberen Schlußstrich gezogen hast

Dritter Teil
Neun Monate bis ein Jahr später:
Also, langsam kannst du einem *wirklich* leid tun

6 Anzeichen dafür, daß du zum nächsten Therapeuten rennen – nicht gehen – solltest

Als sich herumgesprochen hatte, daß ich an einem Buch über Exfreunde arbeitete, nahmen mich verschiedene männliche Verwandte beiseite. Unsere Gespräche verliefen meist etwa so:

VERWANDTER: Ich höre, du schreibst ein Buch über Exfreunde.
ICH: Stimmt.
VERWANDTER: Hoffentlich wird das nicht so ein *Männerdresch*buch.
ICH: Natürlich nicht. Es wird noch nicht mal ein Hardcover, also wird es sich ganz bestimmt nicht zum *Männerdreschen* eignen.
VERWANDTER *(nervös)*: Ha ha.

Schlechte Scherze beiseite, ich möchte hiermit kundtun, daß dies *kein* Männerdreschbuch ist. Es ist ein *Exfreund*dreschbuch. Das ist ein gewaltiger Unterschied. Als intelligenter Mensch weiß ich, daß nicht alle Typen Kretins sind, nur weil alle *meine* Typen Kretins waren (und vermutlich noch sind). Stellt euch doch nur einmal vor, wie ungerecht es wäre, wenn alle *Frauen* für, sagen wir mal, Sean Young den Kopf hinhalten müßten, die angeblich den Penis von James Woods mit Sekundenkleber an seinen Oberschenkel gekittet hat, nachdem er mit ihr Schluß gemacht hatte.
Der *wahre* Zweck dieses Buches ist es, Frauen dabei zu helfen, Typen zu vergessen, die nichts für sie waren, damit sie eine

gute Beziehung mit einem Typen eingehen können, der was für sie ist. Wie eine Frau es formulierte: »Zwischen schlau sein und verbittert sein liegt ein Unterschied. Ich will von einem Typ immer noch von den Füßen gefegt werden.«

Ich teile die Hoffnung dieser Frau, daß es irgendwo genau den richtigen Typen für mich gibt, am besten einen, der nicht mit Vorliebe auf dem Klo sitzt und dabei die gesamte Wochenendausgabe der *New York Times* liest. Dieser Typ lebt möglicherweise in Addis Abeba, dem Land der finsteren, unbequemen Außenklos, aber irgendwo da draußen ist er.

Nachdem dies geklärt ist, möchte ich jetzt noch folgendes kundtun:

✗ Jede Ähnlichkeit zwischen in diesem Buch beschriebenen Männern und Beavis, Butt-head oder einem der drei Marx Brothers wäre rein zufällig.

✗ Jede Ähnlichkeit zwischen in diesem Buch beschriebenen Männern und tatsächlichen Exfreunden von mir ist verdammtes Pech.

✗ In einigen Fällen wurden Namen und Situationen abgeändert, um mich vor gerichtlichen Klagen oder häßlichen, peinlichen Auftritten besagter Exfreunde zu schützen.

 **VIELLEICHT HAT ES** auf Gegenseitigkeit beruht, vielleicht hat er dich verlassen. Vielleicht hast du ihn bei etwas so unglaublich Entsetzlichem erwischt – beim Kauen seiner Fußnägel, bei der Veruntreuung von Geld, beim Anlechzen der Tussis aus *Beverly Hills, 90210* –, daß du seinen Anblick keine Sekunde länger ertragen konntest. Was immer der Grund für die Trennung gewesen sein mag, es ist vorbei. Er ist weg, du bist allein, und dir wird gerade klar, daß du dich früher oder später vor *jemand anderem* entblößen mußt.

Schöner Mist.

Machen wir uns nichts vor: Trennungen sind beschissen. Sie rangieren auf einer Stufe mit Totalschäden, Menstruationskrämpfen und ganz mieser Parteienwerbung.

Aber, Mensch, sieh's doch mal positiv: Jetzt brauchst du dir nie wieder Catch-as-catch-can anzuschauen!

War nur ein Witz. Das Positive an der Sache ist eigentlich folgendes: Jede schlechte Beziehung, die du hinter dir läßt, bringt dich der Art von Beziehung, die du wirklich willst, einen Schritt näher. Angenommen, du bist mit einem Mann zusammen, der mit Körperpflege und korrekter Grammatik nicht viel am Hut hat und der sich weigert, im Haushalt zu helfen, dann ist der nächste vielleicht einer, der mit Körperpflege und korrekter Grammatik nicht viel am Hut hat, aber immerhin seinen schmutzigen Teller zur Spüle bringt. Außerdem ist es doch heutzutage, da Frauen mehrere Beziehungen haben, anstatt den sprichwörtlichen Jugendfreund zu heiraten, zu einer regelrechten Pflichtübung geworden, über einen Mann hinwegzukommen. (Wären wir Männer, würden wir uns hier mit erhobener Rechter abklatschen.)

Sicherlich wundert ihr euch längst, was mich zu einer solchen Expertin macht. Na ja, sagen wir einfach, wenn dieses Buch »*Wie man eine Beziehung dauerhaft macht*« hieße, müßte es unweigerlich ein Plagiat sein: Ein durchschnittliches Zeitschriftenabonnement hält doppelt so lang wie die meisten meiner Beziehungen.

Wie man über Typen hinwegkommt – also *darin* habe ich Erfahrung: die Impotenten, die Beschränkten, die Selbstverliebten, die unsäglichen Langweiler, ich kenne sie alle. Ja, viele meiner Verflossenen könnten durchaus in meiner Privatversion von *Schneewittchen und die sieben Zwerge* als letztere brillieren, und zwar als *Deppl, Schmutzi, Schlampi, Zimperl, Dumpfbär, Schofel* und *Heimtück*.

Machen wir doch mal einen Streifzug durch einige meiner ehemaligen Beziehungen (diesen Begriff verwende ich sehr locker).

WICHTIGER BEZIEHUNGSTIP NR. 1: Geh keine Beziehung vor deinem dreißigsten Lebensjahr ein. In der Oberstufe bin ich mit einem Typen gegangen, der ins Biolabor der Schule einbrach und die Waagen klaute, wobei er auf verschiedene präparierte Tiere trat. Einige Wochen später teilte die Biologielehrerin unsere Klasse in zwei Gruppen ein, legte ihre Hände hinter den Rücken und sagte »So, nun wählt eine Hand« zu meiner Gruppe, was wir auch taten. »Ihr Glückspilze!« rief sie aus. »Ihr kriegt die Ratte zum Sezieren, auf die Beths Freund *nicht* getreten ist!« Die Klasse buhte. Sie wollten, daß ich die Ratte bekomme, die platter als ein Pfannkuchen getrampelt war.

WICHTIGER BEZIEHUNGSTIP NR. 2: Geh keine Beziehung mit deinem Nachbarn ein. Ein paar Jahre später hatte ich eine Affäre mit meinem Türnachbarn, einem Typen, der für sein Leben gern auf die Jagd ging. Ich erinnere mich beim besten Willen nicht mehr, warum wir Schluß machten, aber noch Monate später beobachtete er mein Kommen und Gehen durch den Türspion. Wenn er mich mit einem anderen Kerl sah, pflegte er mir einen blutigen Fasanenfuß auf den Türgriff zu legen. (Tote Tiere sind ein häufig wiederkehrendes Motiv in meinen frühen Beziehungen.)

WICHTIGER BEZIEHUNGSTIP NR. 3: »Ich brauche ein bißchen Abstand« bedeutet immer: »Dieser Planet ist nicht groß genug für uns beide. Wenn du mich also nicht in Ruhe läßt, verdrücke ich mich mit dem nächsten Shuttleflug.« Nach dem Studium ging ich mit einem Typen, in den ich total verknallt war. Im sechsten Monat unserer Beziehung sagte er mir, er wolle mich heiraten, brauche aber erst etwas Abstand. »Ich weiß nicht, wie lange, aber vertrau mir bitte«, sagte er. »Ich liebe dich und will für immer mit dir zusammen sein. Aber ruf mich nicht an. Warte, bis ich mich melde.«
Das war das letzte, was ich von *dem* je gehört habe.

Dies sind nur drei Beispiele. Ich bin auch mal mit einem Typen gegangen, der beim Küssen den Mund so weit aufriß, daß ich hinterher Bißspuren auf den Backen hatte; ferner einem Typen, dessen Lieblingsausspruch »Weiße Männer sind die am meisten diskriminierteste Gruppe in diesem Land« war; und einem Typen, der meinen Weihnachtsbaum so ungeschickt aufstellte, daß er nicht einmal, sondern dreimal umfiel – und der beim Versuch, den Baum wieder aufzurichten, auf meinem geheiligten Christbaumschmuck fröhlich herumstampfte, als presse er Weintrauben mit den Füßen. Ganz zu schweigen von dem Typen, der seine Rendezvousspesen zu Hause addierte (»Und dann hast du einen Cappuccino bestellt, das heißt also, ich hab' 117 Mark ausgegeben«), dem »hungernden Schauspieler«, den *ich* durchfütterte und der eine Woche nachdem wir uns getrennt hatten, nach Paris reiste, und dem Typen, den ich aus Gründen, die wir nicht näher ausführen müssen, den »Brüllaffen« nennen werde.

Die beiden wichtigen Lektionen, die ich gelernt habe:

1. Mann, hab' ich eine beschissene Menschenkenntnis.
2. Je eher du den Falschen vergißt, desto eher kannst du zur nächsten Flasche übergehen.

Das ist der Punkt, wo dieses Buch ins Spiel kommt. In ihm werdet ihr uralter Weisheit begegnen, die mittels geheimer weiblicher Stammesrituale – unter Einbeziehung von Alphabettafeln, Barbiepuppen und Marathonsitzungen des Wahrheitsspiels – über die Jahrhunderte weitergegeben wurde.

Spaß beiseite. In Wahrheit werdet ihr Tricks und Schachzüge aus dem wirklichen Leben finden, und zwar von fünfzig Frauen, die schlimme Trennungen überstanden haben. Unsere kollektive Hoffnung: Dieses Buch wird euch helfen, über die nagenden negativen Erinnerungen rasch, wirksam und schmerzlos hinwegzukommen. Und wenn nicht, dann sorgt es vielleicht für ein paar hämische Lacher.

Zieh dir also deinen Kuschelpyjama an, mach dir eine Tasse Tee, schnapp dir eine Packung Tempos – und lies weiter.

Erster Teil

Die ersten vier Monate:

Willkommen in der Hölle

8 Anzeichen dafür, daß du an einem Trennungstrauma leidest

✗ Du hast das letzte Wochenende damit verbracht, deine Büroklammern zu polieren und deine LPs, Kassetten und CDs alphabetisch zu ordnen.

✗ Den Song »Nothing Compares 2 U« hast du nicht mehr, weil du ihn so oft gespielt hast, daß dein Kassettenrecorder ihn aufgefressen hat.

✗ Deine Wohnung ist entweder so blitzsauber, daß du vom Wasser in der Kloschüssel Eistee machen könntest, oder so versifft, daß eine Mülldeponie daneben wie das Plaza Hotel wirken würde.

✗ Du siehst das Gesicht deines Ex, wenn du den Busfahrer, den Metzger, deinen Hund anschaust.*

✗ Du fährst so oft am Haus deines Ex vorbei, daß der Asphalt schon Spurrillen hat.

✗ Deine persönliche Körperpflege ist derart vernachlässigt worden, daß Tiere und Kleinkinder jaulend davonlaufen, sobald du in Riechweite bist.

✗ Du hast deinen Ex so oft angerufen und gleich wieder aufgelegt, daß du bereits eine Blase am Zeigefinger hast.

✗ Während du diese Liste gelesen hast, hast du ein Pfund Papiertaschentücher aufgebraucht.

---

* Es ist wie in dieser Folge von *Twilight Zone – Unheimliche Geschichten*, in der Richard Long sämtliche männliche Rollen spielte. Wohin du dich auch drehst: Nummer 17! Nummer 17!

1
Die Nachwehen

Ein alphabetischer Führer durch die Stimmungs-
schwankungen nach der Trennung

> *Warnung:* Du wirst von Wutanfällen, hilflosem
> Gelächter und sturzbachartigem Schluchzen heim-
> gesucht werden, oftmals gleichzeitig.

 **IN DER ZEIT** unmittelbar nach einer Trennung wird jede nur erdenkliche Emotion ihr häßliches Haupt erheben. Mal kommst du dir faul, müde, deprimiert vor; im nächsten Augenblick fühlst du dich produktiv, tatkräftig, euphorisch. Mal würdest du deinen Ex in mörderischer Wut am liebsten umbringen; im nächsten Augenblick hast du Lust auf ein Jumbosandwich.

Solltest du irgendeine dieser Gefühlsregungen für sonderbar oder psychotisch halten, so kann ich dir versichern: *Natürlich ist sie das!* Im übrigen sind derlei Reaktionen ziemlich normal – für jemanden, der gerade eine Trennung zu verkraften hat.

> »Nach der Trennung konnte ich tagelang weder essen noch sprechen. Ich heulte los, wenn irgend jemand auch nur seinen Namen erwähnte.«
> Erin, New York City

Hier sind einige der Gefühle und Anwandlungen, die du nach der Trennung eventuell erlebst.

Irgendwann wirst du dir einen **ANdudelN** wollen. Eine Zechtour kann sehr selbstzerstörerisch sein, ist aber auch ein ausgezeichnetes Betäubungsmittel. (Es heißt nicht umsonst »seine Sorgen ertränken«.) Vergiß nicht: **Alkohol** *tötet Gehirnzellen ab*. Die **AbtötuNq voN GehirNzelleN** führt zu *Gedächtnisschwund*. Wenn du also genug Alkohol trinkst, hast du bald *vergessen, daß dein Ex je existiert hat.*
Tip: Mach aus der Trinkerei möglichst keine Gewohnheit, sonst verbringst du einen Großteil deines Lebens damit, auf die Wirkung von **AspiriN** zu warten.

Dir wird nach **BrülleN** zumute sein. Da Brüllen eine äußerst kathartische Wirkung hat, solltest du diesem Drang nachgeben. Gut brüllen läßt es sich ☛ in deinem Auto, ☛ in dein Kopfkissen, ☛ im Fußballstadion. Nicht so gut ist Brüllen ☛ in der Bibliothek, ☛ auf dem Polizeirevier, ☛ in der Kirche.
Anmerkung: Der Drang, auf einer Hochzeit zu brüllen, ist zwar verständlich, aber dennoch unangemessen.

EntzuqserscheiNuNqeN. Wenn wir verliebt sind, produziert unser Körper ein Amphetamin namens Phenylethylamin. Amphetamine machen süchtig. Daraus folgt, daß sich bei dir eventuell Entzugserscheinungen einstellen, wenn die Liebe endet. Die Entwöhnung von einer Beziehung kann eine Weile dauern. Um die Sache zu beschleunigen, könntest du nach dem 12-Schritte-Programm vorgehen, das die Anonymen Alkoholiker empfehlen. Oder du könntest *mein* 12-Schritte-Programm befolgen, auch bekannt als das »12-Schritte-zum-Kühlschrank«-Programm (siehe unter »Heißhunger«).
Anmerkung: Selbst Gewohnheiten, bei denen du dich *gräßlich* fühlst, können Trost spenden, weil sie dir lieb geworden sind. Gewöhn dir also möglichst nicht an, über deinen Ex zu jam-

mern, sonst könnten sich deine Freunde und deine Familie angewöhnen, dich wie die Pest zu meiden.

ERINNERUNGEN. Alles, was du in diesen ersten paar Wochen siehst und hörst – Käpt'n Iglo Seemannsschmaus, Levi's-Werbespots, »Lara's Theme« aus der Berieselungsanlage –, wird dich an deinen Ex erinnern. Bei einer Frau waren es Birkenstock-Sandalen. »Mein Freund trug sie immer, und ich hab' sie *gehaßt*«, sagte sie. »Nach unserer Trennung sah ich sie dann in einem Schaufenster. Erst war alles in Ordnung, aber im nächsten Augenblick heulte ich wie ein Schloßhund.« Bei einer anderen Frau war es der Anblick eines Typs, der *spuckte.* »Mein Ex konnte ganz hoch in die Luft spucken und es dann im Mund wieder auffangen, wie Judd Nelson in *Der Frühstücksclub*«, erzählte sie. »Er konnte es so einrichten, daß die Spucke immer auf meinem Kopf landete, wie sehr ich auch auszuweichen versuchte. Es war echt bärenstark.«
Tip: Immer wenn schöne Erinnerungen wie diese in dir aufsteigen, mußt du *sofort* ein Bild von deinem Ex in dir wachrufen, das ihn von seiner ekelerregendsten, dämlichsten und nervtötendsten Seite zeigt (am besten alles drei zusammen). Weißt du noch, wie er beim Anstarren der spärlich bekleideten Mädchen in *Baywatch – Die Rettungsschwimmer von Malibu* gegrunzt hat? Gut. Alle angenehmen Erinnerungen an ihn dürften jetzt wohl in hohem Bogen aus deinem Kopf fliegen.

Du wirst dich **FREI** fühlen. Dein Leben steckt plötzlich voller neuer Möglichkeiten. Alles, was dein Freund bei dir verabscheute, kann jetzt ein fester Bestandteil deines Tagesablaufs werden. Juhuu! Du kannst im Bett Plätzchen essen! Du kannst Maggi-Ravioli direkt aus der Dose essen! Zieh deine zerschlissenste Unterwäsche an! Spiel dein *Saturday Night Fever*-Album! Laß das Geschirr sich türmen! Hurra! Nie wieder so tun, als könntest du seine Mutter leiden! Keine Härchen mehr im Waschbecken! Keine leeren Eiswürfelbehälter mehr!

Diese neugewonnene **Freiheit** wirst du etwa zehn Minuten lang genießen. Dann brichst du in Tränen aus.

Gewissensbisse. Wenn du diejenige warst, die Schluß gemacht hat, hast du womöglich ein sehr schlechtes Gewissen. Laß dich deswegen nicht hängen! Denk dran, daß Schuldgefühle die Basis für alles Gute in dieser Welt sind (nämlich Sex, Religion und TV-Justizserien).

Heißhunger. Nach der Trennung kann sich ein Teil deines Schmerzes in den Magen verlagern, der mit Hungerschreien reagieren wird: »Stopf mich! Stopf mich, bis ich platze!« Diesen Schreien folgt ein intensives Verlangen nach allem möglichen Trostfutter (definiert als »verarbeitete Lebensmittel, typischerweise leuchtend orange in der Farbe, die in höchstem Maße ungesund und daher maßlos teuer sind«).

Ich habe dieses Phänomen selbst erlebt. Einmal bin ich nach einer Trennung zwei geschlagene Stunden lang wie in Trance durch einen Supermarkt gewandelt. Als ich nach Hause kam und die Lebensmittel auspackte, dachte ich zuerst, ich hätte aus Versehen eine fremde Einkaufstüte erwischt.

Da waren *drei* Packungen Kindermüsli, ein Glas Erdnußbutter, zwei Packungen Kraft Makkaroni mit Käsesauce, ein Glas Partygurken und ein Glas Nutella. Ja, *Nutella!* Offensichtlich hatte das Kind in mir die Einkäufe erledigt.

Manche Frauen behaupten, sie hätten nach einer Trennung *null* Appetit. Die würde ich gern mal schütteln, aber ich glaube nicht, daß ich mich von der Couch wälzen kann.

Du wirst **impulsiv** sein. Du wirst nach neuen Erfahrungen lechzen, vor allem solchen, die deinen Ex schockieren würden. »Bauchtanzkurs? Klingt toll!« »Skydiving? Klar!« »Der Schiefe Turm von Pisa als Ganzkörpertätowierung? Ich bin bereit!« (*Tip:* Halte dich von Sektenanwerbern, Dealern oder Zuhältern fern, solange du in dieser Geistesverfassung bist.)

Anmerkung: Es kann sein, daß du dich nach einer Trennung **in-disponiert**, wenn nicht gar krank fühlst. Wie ein Therapeut sagte:»Viele gekränkte Menschen verspüren körperliche Symptome. Einige leiden unter Kopfschmerzen, Schlaflosigkeit, Halluzinationen, Darmblutungen oder Magen- und Darmbeschwerden.« Worauf ich antworte: *Darmblutungen?!?* **Igitt!**

Es wird dir in den Fingern jucken, deinem Ex eine **Kopfnuß** zu verpassen. Für eine Frau war dieses Verlangen so überwältigend, daß sie einen **Kung-Fu-Kurs** belegte, um diese negative Energie in sicherer Umgebung abzulassen. Dann gab sie sich alle Mühe, den Kursleiter **k.o.** zu schlagen.

Viele Leute **lachen**, wenn sie nervös oder aus der Fassung sind; das ist eine Art Überlebensinstinkt. Nachdem eine Beziehung in die Brüche gegangen ist, können die seltsamsten Dinge zum Auslöser werden.»Jetzt bin ich für den Rest meines Lebens allein«, magst du denken. Plötzlich drängt sich dir die Vision von dir als Achtzigjähriger beim Einkauf von Inkontinenz-Einlagen auf, und du fängst an, so hysterisch zu lachen, daß Fremde in deiner Nähe dir heftig auf den Rücken klopfen.

Tip: Die Leute verstehen natürlich nicht, daß du, obwohl du äußerlich lachen magst, innerlich weinst. Daher ist es vielleicht keine schlechte Idee, ständig einen Watchman mitzuschleppen. So kannst du bei einem plötzlichen Kicheranfall jederzeit auf den kleinen Fernsehbildschirm zeigen und so tun, als hätte jemand in einer Comedyserie etwas Komisches gesagt. Allerdings wirst du dazu wohl **lügen** müssen.

Mißgunst. Typische Anlässe für Nach-Trennungs-Mißgunst: ☛ Der Anblick deines Ex mit der Frau, derentwegen er dich hat sitzenlassen. ☛ Der Anblick deines Ex, wie er sich mit seinen Freunden amüsiert. ☛ Der Anblick eines Typs, der deinem Ex *ähnelt,* der sich amüsiert. ☛ Der Anblick eines beliebigen Paares, das auch nur im entferntesten glücklich aussieht.

Anmerkung: Die Trennung von einem Typen schützt dich nicht vor Eifersucht. Wie es eine Frau ausdrückte: »Als ich meinen Ex eine Woche, nachdem wir Schluß gemacht hatten, mit einer anderen Frau sah, war ich verrückt vor Eifersucht. Ich konnte nicht fassen, wie schnell er sich getröstet hatte.«

Du wirst das Gefühl haben, den **Nadir** oder absoluten Tiefpunkt erreicht zu haben. Dann wirst du Lust auf ein **Nickerchen** verspüren.

Du willst vielleicht eine **Ode** an deinen Ex verfassen. Die Ode fängt wahrscheinlich ganz harmlos an, degeneriert jedoch allmählich zu **obszönen** Verwünschungen. *Wirf diese Ode an deinen Ex nicht in den Briefkasten!*

Anmerkung: Wenn dir das Schreiben einer Ode zu hochgestochen erscheint, versuch's mal mit einem Limerick. Hier ist einer zur Anregung:

Es war mal ein Mann aus dem Westen,
der fand seinen Schwanz den weltbesten.
»Vier magere Zoll?«
sagt' ich. »Ist nicht so doll.
Den lohnt es sich echt nicht zu testen.«

Peinlichkeit. Nach der Wut ist dies wahrscheinlich das am weitesten verbreitete Gefühl nach einer Trennung. Frauen, die ich interviewt habe, berichteten, es sei ihnen »peinlich, daß ich auf seine Sprüche reingefallen bin«, »peinlich, daß ich Freunden und der Familie von ihm vorgeschwärmt habe« und »peinlich, daß ich die Packung Tampons in seinem Bad gesehen, aber nicht geschaltet habe«. Einige waren zutiefst beschämt über ihr Verhalten in der Trennungsphase. »Ich bin buchstäblich auf die Knie gefallen und hab' ihn angebettelt, mich nicht zu verlassen«, sagte eine der Frauen. »Wenn ich dran denke, was für einen mitleiderregenden letzten Eindruck er von mir bekommen hat, könnt' ich sterben.« Eine andere fuhr mindestens viermal täglich am Haus ihres Verflossenen vorbei. »Er wohnte am Ende einer Sackgasse. Jedesmal, wenn ich vorbeifuhr, mußte ich also in seiner Einfahrt ein Vor-rück-vor-Wendemanöver vollführen«, sagte sie. »Schließlich kam er raus und sagte, ich soll mit dem Scheiß aufhören.«

Phobien. Häufige Phobien nach einer Trennung: Androphobie (Furcht vor Männern); Anuptaphobie (Furcht vor dem Singlesein); Genophobie (Furcht vor Geschlechtsverkehr); Bromidrosiphobie (Furcht vor Körpergerüchen, real oder eingebildet*). Worst-case-Szenario: Genoandrobromidrosiphobie (Furcht vor Geschlechtsverkehr mit einem Mann mit Körpergeruch).
Anmerkung: Wenn du meinen Rat in den Wind geschlagen und deinem Ex deine Ode doch geschickt hast, schreibst du jetzt zweifellos eine **Palinodie** (laienhaft ausgedrückt, ein dichterischer Widerruf dessen, was in einem früheren Gedicht gesagt wurde).
Tip: Falls du einen Reim auf »verzeih mir« suchst, nimm bloß nicht »bleib bei mir«!

Putzfimmel. Die Rede ist hier nicht vom normalen täglichen Staubwischen und Kehren. Ich meine einen Reinlichkeits*wahn.* Du wirst dich nicht nur dabei ertappen, wie du deinen Aktenschrank von innen saugst, sondern auch, wie du *jeden einzelnen Ordner von innen* saugst. Falls sich in deiner Wohnung leere Umschläge befinden, wirst du *auch in denen staubsaugen.* Und zwar *nachdem* du deinen Briefkasten von innen gesaugt und jedes Buch, das du besitzt, Seite um Seite abgestaubt hast.

---

* Mögliche eingebildete Körpergerüche: Wachsbuntstift-, Limabohnen-, Layoutkleber-, Neuwagen-Duft.

Reinigen ist therapeutisch, das ist wahr. Aber ich glaube, das wirkliche Motiv hinter dem Nach-Trennungs-Putzfimmel ist der verzweifelte Drang, *jede einzelne Hautschuppe, die dein Ex je in deiner Wohnung verloren hat*, eliminieren zu müssen.

Du wirst große Lust haben, den ganzen BeziehungsQUATSCH aufzugeben. Selbst einen Kaktus zu haben wird dir als zu große Verpflichtung erscheinen.

REUE. War dein Ex nett, so wirst du bereuen, je gemein zu ihm gewesen zu sein. War er gemein, so wirst du bereuen, je nett zu ihm gewesen zu sein. War er ganz, ganz gemein, dann wirst du bereuen, ihm überhaupt jemals deine Telefonnummer gegeben zu haben.

SCHULDZUWEISUNG. Zuerst wirst du versucht sein, dir selbst die Schuld an dem Bruch zu geben. Therapeuten zufolge ist dies notwendig und sogar gesund, weil es dir das Gefühl vermittelt, die Kontrolle darüber zu haben, was dir passiert. Ich sage, vergiß den Quatsch: Es ist viel lustiger, anderen die Schuld in die Schuhe zu schieben. Deinem Verflossenen die Schuld zuzuweisen versteht sich von selbst. Andere, die man prima verantwortlich machen kann, sind: ☛ deine Eltern, ☛ Saddam Hussein, ☛ die Bildzeitung. Und vergiß nicht die altbewährten Sündenböcke: ☛ die Überbevölkerung, ☛ den Treibhauseffekt und ☛ schlechtes Karma. Wenn alles nichts nützt, schieb's auf ☛ PMS (prämenstruelles Syndrom).

Du wirst SELBSTMORDGEDANKEN hegen. Nach einer Trennung habe ich schon mal zu Freunden gesagt: »Soll ich euch dort treffen, oder soll ich zu Hause bleiben und mir die Pulsadern aufschlitzen?« oder »Ich würde ja aus dem Fenster springen, aber ich wohne im Erdgeschoß.«
Ehe du irgend etwas Drastisches tust, bedenke folgendes: Kann es nicht sein, daß du im Grunde genommen nicht dich, son-

dern nur jenen kleinen Teil von dir umbringen willst, der immer noch an deinem Ex hängt? Wenn ja, warum sollte dann der Rest von dir mit draufgehen?

Ich sage, sei gut zu dir. Gönn dir einen ausgiebigen Einkaufsbummel, am besten mit der Kreditkarte deines Verflossenen.

Trau, schau, wem. Nach einer Trennung kann es passieren, daß du allen und allem mißtraust. Dies ist bekannt als der Richard-Nixon-Komplex.

Szenarium: Ein neuer Typ will mit dir ausgehen. Du denkst: ☞ »Der Kerl will mir bloß an die Wäsche.« ☞ »Der Kerl will nur rauskriegen, wo ich wohne, damit er mich bis aufs Hemd ausrauben kann.« ☞ »Den Kerl muß mein Ex geschickt haben, um mich auszuspionieren.«

Dieser Mangel an Vertrauen kann mit dem Glauben einhergehen, alles sei **trivial**.

Szenarium: Dein Chef sagt: »Denken Sie daran, wir haben morgen einen Termin mit unserem wichtigsten Kunden.« Du antwortest: »Wen juckt's? Wir machen hier ja keine *Gehirnchirurgie.*«

Szenarium: Deine beste Freundin sagt: »Brad Pitt ist in seinem nächsten Film *splitternackt!*« Du antwortest: »Und wenn schon. In zwei Milliarden Jahren wird die Sonne explodieren und unsere Welt nicht mehr existieren.«

Anmerkung: Eine positive Nebenwirkung dieser fatalistischen Einstellung ist, daß sie alle in deiner Umgebung deprimieren wird, einschließlich deines **Therapeuten**.

Du wirst dir **unattraktiv, unausgeglichen, unnahbar, uninteressant,** einfach nur **un** vorkommen. Diese Gefühle machen dich so apathisch, daß du dich nicht mehr **unter den Achseln** rasierst. Deine Wohnungsgenossin wird deine sprießenden Achselhaarbüschel etwa drei Wochen ertragen, bevor sie **»Uuuh!«** schreiend das Weite sucht.

Vergeltung. Du wirst dir eine fiese **Vendetta** gegen deinen Ex ausmalen, vorzugsweise eine, die die Durchführung einer **Vasektomie** mit einem **völlig** stumpfen Messer beinhaltet.
Tip: Bevor du diese Phantasie auslebst, lies bitte das kommende Kapitel (4) über Rache.

Wut. Du wirst nicht nur wütend auf dich selbst, deinen Ex und die Welt im allgemeinen sein, du wirst auch auf jeden wütend sein, der dich anlächelt, »Kopf hoch« oder »Hallo« zu dir sagt. (*Tip:* Meide Hare Krishnas.)

Du wirst jeden hassen, der nur ein **X-Chromosom** hat. Wenn dir dein Bäcker »Schönen Tag noch« wünscht, zischst du zurück: »Du kannst mich mal!« Wenn dein Arzt fragt: »Wie fühlen Sie sich?«, knurrst du: »Was geht Sie das an?« Wenn dein Vater dich fragt, ob du mit ins Kino gehen willst, brüllst du: »Verschwinde, du Testosteronterrorist! Ich hab' euch Typen satt!«
Anmerkung: Obwohl in der Regel von kurzer Dauer, hat es diese Phase ganz schön in sich. Einige ihrer bekannteren Folgen: ☞ die Frauenbewegung, ☞ Tampons mit seidenglatter Einführhilfe, ☞ Selbstverteidigungskurse für Frauen.

Dir wird wie – wenn nicht gar nach – einem **Zombie** zumute sein.
'zom-bi, *der*: **1.** Schlangengottheit im Voodookult. **2.** Person, der eine Ähnlichkeit mit sogenannten Untoten zugeschrieben wird; insb.: AUTOMAT. **3.** Person, deren Erscheinungsbild und Benehmen ausgesprochen merkwürdig ist. **4.** Mischgetränk aus verschiedenen Sorten von Rum, Likör und Fruchtsaft.

Die verrückten Sachen, die Frauen
an ihren Ex erinnern

✗ »*Krieg der Sterne,* Ivan Lendl, der gesamte Staat Iowa.«

✗ »Wagenschmiere.«

✗ »Der Song ›Rhiannon‹ von Fleetwood-Mac-Sängerin Stevie Nicks. Er sagte, ich erinnere ihn an Rhiannon. Später habe ich erfahren, daß Rhiannon der Name einer Hexe war, die ihre beiden Kinder gefressen hat.«

✗ »Häßliche Krawatten, Tabak kauen und Frank Sinatra.«

✗ »Essig. Er liebte Essig so sehr, daß er ihn direkt aus der Flasche trank.«

✗ »Parfum von Oscar de la Renta. Am Abend, als wir Schluß gemacht haben, hab' ich meine nagelneue Flasche nach ihm geworfen. Sie zerbrach und tränkte den Teppich in meinem Schlafzimmer. Den Geruch mußte ich monatelang ertragen.«

✗ »*Platoon.* Das war der einzige Film, in den er mich in den drei Jahren unserer Beziehung mitnahm.«

✗ »Hertz-Mietbusse. Die erinnern mich an unseren Umzug quer durchs Land. Jedesmal, wenn ich einen sehe, möcht' ich ihn am liebsten von der Straße abdrängen.«

✗ »Das ›Happy-Birthday‹-Lied.« (Wenn man bedenkt, daß dies das meistgesungene Lied der Welt ist, ist das *echt* ätzend.)

✗ »Roastbeef-und-Käse-Sandwiches. Das hab' ich an dem Tag zu Mittag gegessen, als unsere Scheidung rechtskräftig wurde.«

☞

✘ »Avocadogrün. Das war die Farbe seines 67er Dodge.«

✘ »Spaghetti mit Fleischklößchen.«

✘ »Ledersessel. Er hatte einen Ledersessel, auf den er anal ziemlich fixiert war. Ich brauchte nur meine Handtasche draufstellen, schon drehte er durch. Wenn ich heute einen Ledersessel erblicke, laß' ich mich gleich reinplumpsen.«

✘ »Der Geruch von Dallas.«

✘ »Der *Playboy* und die Marx Brothers.«

✘ »So Spachteldinger – du weißt schon, diese Werkzeuge.«

2
»Wann läßt der Schmerz endlich nach?«

 **VIELE DER FRAUEN**, die ich interviewte, stellten mir diese Frage. Ich habe ihnen gesagt, was ich euch jetzt sage: Die meisten Fachleute gehen davon aus, daß man, um einen Typen zu vergessen, halb so lange braucht, wie die Beziehung mit ihm gedauert hat. Moment – vielleicht heißt es auch, daß man *doppelt* so lange braucht, um einen Kerl zu vergessen, wie die Beziehung mit ihm gedauert hat. Das verwechsele ich immer, aber ich weiß, es ist so ähnlich wie das Ausrechnen von Hundejahren. Wie dem auch sei, wenn du mit deinem Ex zehn Jahre zusammen warst, brauchst du nach dieser Theorie entweder fünf oder zwanzig Jahre, um über ihn hinwegzukommen.

Nach reiflicher Überlegung halte ich es doch für ziemlich klar, daß diese Theorie, wie auch immer sie lauten mag, nicht stichhaltig ist. (Ihr dürft jetzt einen riesigen Seufzer der Erleichterung ausstoßen.) Warum? Weil jede Beziehung anders ist. Wie ihr in kommenden Kapiteln sehen werdet, bleiben Frauen manchmal mit Männern zusammen, obwohl sie sie am liebsten längst verlassen hätten, und zwar aus den verschiedensten Gründen (Gewohnheit, Trägheit, Angst, sie könnten verhungern, wenn kein Typ in der Nähe ist, der für sie Dosen öffnet, u.ä.). Soll diese Zeit in die Nachtrauer-Kalkulation mit einbezogen werden? Ich denke nicht. Wie man mit einer Trennung fertig wird, hängt vor allem von der Qualität der Beziehung ab – nicht ihrer Dauer. Daraus folgt logischerweise, daß du über einen Kerl, den du von Anfang an gehaßt

hast, in Nullkommanix hinweg bist, selbst wenn du ihn zum
Beispiel geheiratet hast.

Mir ist klar, daß das alles äußerst subjektiv und vielleicht sogar
zweifelhaft klingt. Daher habe ich eine eigene mathemati-
sche Formel entwickelt, die euch dabei helfen soll zu berech-
nen, wie lange ihr braucht, um über euren Ex hinwegzukommen. Bedenkt bitte beim Lesen des Folgenden, daß 1. Mathe
eigentlich nie mein Ding war und 2. diese Formel eine Erfindung von mir ist.

Elizabeth Kusters fabelhafte »Wie-lang-werd'-ich-ihm-nachtrauern?«-Formel für Frauen

$$\text{Wie lange} = \frac{\dfrac{s/o}{k}(g+b+u)}{tv/4} \times \frac{i+t}{aua}$$

wobei

- s = Anzahl der Male, die du tollen Sex hattest★
- o = Anzahl der Male, die du tollen Sex *vorgetäuscht* hast★★
- k = Anzahl der Male, die er sich über deine Kochkünste lustig gemacht hat
- g = Anzahl der hübschen Geschenke, die er dir gekauft hat
- b = Anzahl der Male, die er dir Blumen mitgebracht hat
- u = Anzahl der tropischen Urlaubsreisen, die er mit dir ge-macht hat★★★
- tv = Anzahl der Stunden, die er mit Sportsendungen vor der Glotze verbracht hat

---

★ Sex, der deinen Realitätssinn so stark trübte, daß du einen Augenblick tatsächlich glaubtest, er wäre *wirklich* Tom Cruise.
★★ Indem du dich plötzlich weggerissen und »*Oh, jaaaa!*« geschrien hast.
★★★ Ein Ausflug ins *Caribic Sun* gilt nicht als tropischer Urlaub.

i = Anzahl der ekliger Insekten, die er umgebracht hat

t = Anzahl der Teller, die er im Lauf eurer Beziehung gespült hat

aua = Anzahl der Male, die er Dinge gesagt hat wie: »Weiße Männer sind die am meisten diskriminierteste Gruppe in diesem Land.«

Wenn zum Beispiel s, i, u, b und g = 1, o = 20, t = 2, tv = 4000 und k und aua = 10, dann brauchst du ...

$$\frac{\dfrac{1/20}{10}\,(1 + 1 + 1)}{4000\,/\,4} \times \frac{1 + 2}{10}$$

$$= \frac{(0{,}005)\,(3)}{1000} \times \frac{3}{10}$$

$$= 0{,}015\,/\,1000 \times 0{,}3$$
$$= 0{,}0000045$$

... weniger als eine Sekunde, um deinen Ex zu vergessen.

Wenn jedoch o, k und aua = 1, g und b = 50, s und tv = 100, i und t = 1000 und u = 4, dann brauchst du ...

$$\frac{\dfrac{100\,/\,1}{1}\,(50 + 50 + 4)}{100\,/\,4} \times \frac{1000 + 1000}{1}$$

$$= \frac{(100)\,(104)}{25} \times \frac{2000}{1}$$

$$= 10400\,/\,25 \times 2000$$
$$= 832\,000$$

... eine verdammt lange Zeit, um deinen Ex zu vergessen.

Es gibt natürlich noch zahllose andere Faktoren, die die Nachtrauerzeit (im folgenden NTZ genannt) beeinflussen können. Was deine NTZ eventuell verkürzen kann, ist, was eine
Frau als den emotionalen Drano-Rohrfrei-Effekt bezeichnete: nämlich wenn etwas passiert, das dir deinen Ex geradezu
abstoßend erscheinen läßt.
Hier einige Beispiele:

✗ »Im Lotto gewinnen.«
✗ »Erfahren, daß mein Ex mit einer viel Häßlicheren geht.«
✗ »Hören, daß er 50 Pfund zugenommen hat, exkommuni-
  ziert worden ist und ein sinnloses, freudloses Dasein fristet.«
✗ »Erfahren, daß mein Ex Chiropraktiker geworden ist. Er
  wollte um keinen Preis in die Fußstapfen seines Vaters treten. Einmal hat er mir anvertraut, wenn mir je zu Ohren
  käme, er sei Chiropraktiker geworden, wüßte ich, daß er
  verratzt sei.«

Was zur *Verlängerung* der NTZ beitragen kann, ist die Tatsache,
daß unsere Freunde und Ehemänner manchmal mehr als nur
eines unserer Bedürfnisse erfüllen, ohne daß wir uns dessen
überhaupt bewußt sind. (Wie ein Therapeut es formulierte:
»Der Verlust eines Liebhabers bedeutet den gleichzeitigen
Verlust einer Quelle sexueller Befriedigung, unbeschwerter
Heiterkeit, sozialer Geborgenheit und vertraulichen Aus-
tauschs.«)
Laienhaft ausgedrückt heißt das, daß du nach der Trennung
vielleicht plötzlich entsetzt feststellst, daß du nicht nur einen
neuen Sexlieferanten brauchst, sondern darüber hinaus einen
neuen Truthahntrancheur, einen neuen Kammerjäger plus
eine neue Emotionale Krücke, einen neuen Verbalen Pranger
und eine neue Zielscheibe für deine Witze. Jemanden zu finden, der all diese Rollen ausfüllt, kann echt ätzend sein und
könnte sogar länger als zehn Minuten dauern.
Bei der Berechnung der NTZ mußt du auch die Abermillio-

nen von Kleinigkeiten berücksichtigen, die dein Ex im Lauf eurer Beziehung gesagt und getan hat, und auch, ob er wirklich gut ausgesehen hat oder nicht. Zur Veranschaulichung: Ich fragte die von mir interviewten Frauen, was es *ihnen* erschwert oder erleichtert hat, über einen Typen hinwegzukommen. Hier sind einige ihrer Antworten:

Was es schwerer macht, einen Typen zu vergessen ...

✘ Er ist wie Mel Gibson, sieht nur besser aus.

✘ Er muß sich einer größeren Operation unterziehen (zum Beispiel einer Nierentransplantation), und du hast versprochen, für ihn zu sorgen (indem du ihm nämlich eine deiner Nieren spendest).

✘ Du hast deine Unschuld an ihn verloren. (Besonders wenn du, wie eine der Frauen, deine Unschuld auf einem Schotterweg verloren hast. »Kein Wunder, daß ich ihn nicht vergessen kann«, sagt sie. »Ich ziehe heute noch Steine aus meinem Rücken!«)

✘ Du trägst seinen Namen und/oder sein Abbild auf deiner Brust tätowiert. (Laßt uns an dieser Stelle eine Schweigeminute für Roseanne einlegen.)

✘ Er hat dir eine chronische STD* (sexuell übertragbare Krankheit) angehängt, wie zum Beispiel Herpes, Feigwarzen oder einen EEAA (echt ekligen Arschausschlag).

✘ Du hast sein Kind geboren.

✘ Ihr seid verwandt. (Eine der interviewten Frauen hat sich in ihren Cousin zweiten Grades verliebt. »Nachdem wir Schluß gemacht hatten, waren Familientreffen die *Hölle*!« sagt sie.)

---

* Sexually transmitted disease

> »Mein Ex machte mir gern Knutschflecke auf die Stirn. Ich dachte, es fällt nicht weiter auf, bis eine Arbeitskollegin mal sagte: ›He, hast du da einen Knutschfleck auf der *Stirn?*‹«
> Julie, Iowa City

✘ Er will nicht ausziehen. (Wie ihr in dem Kapitel über den sauberen Schlußstrich sehen werdet, ist das verbreiteter, als man annehmen würde.)

✘ Er hat dir deine tollsten sexuellen Phantasien verwirklicht, einschließlich der, wo er sich wie Brad Pitt in *Interview mit dem Vampir* verkleiden und dich in den Hals beißen mußte.

✘ Er hat tatsächlich Übungen zur Verbesserung seiner Zungenfitneß gemacht.

✘ Er versteckt sich immer wieder bei dir im Gebüsch und singt »Unchained Melody«.

✘ Er hat ein Polaroidfoto von deiner erotischen Nacktdarbietung »Ich und meine Zucchini: Eine Liebesgeschichte«.

WAS ES LEICHTER MACHT, EINEN TYPEN ZU VERGESSEN ...

✘ Als du ihn das letzte Mal gesehen hast, war sein Hals mit Knutschflecken übersät – und die stammten nicht von dir.

✘ Bei eurem ersten Rendezvous hat er gesagt: »Ich würd' liebend gern ein paar deiner Freundinnen kennenlernen.«

✘ Anstatt zu sagen: »Du siehst wirklich wunderschön aus«, pflegte er zu sagen: »Du siehst aus wie die rosenfingrige Morgenröte.«

✘ Er sprach von deinen Geschlechtsteilen als seinem »Werkzeugschuppen«.

✘ Du heißt Florence, und sein Nachname ist Lawrence. (Lach

nicht. Ich kenne eine Frau, die mit ehelichem Namen Sandy Sandy heißt.)

✘ Seine Vorstellung von Vorspiel war, dich auf seinem Minitrampolin springen zu lassen.

✘ Gerade als du dachtest, er wollte dir sagen, daß er dich liebt, drehte er sich zu dir und sagte: »Bläst du mir einen?«

✘ Als du ihn aus dem Urlaub angerufen und gefragt hast, ob er dich vermißt, sagte er: »Ja, ich vermisse es, dein Ego zu streicheln.«

✘ Er sprach von seiner Mutter als »diese Pute, die mich in die Welt gesetzt hat«.

✘ Statt bestückt wie ein Hengst war er bestückt wie ein Hamster.★

✘ Sein Umweltmotto war: »Ich bring' lieber Menschen um als Tiere.«

✘ Du hast einen BH Größe 95DD in seinem Schrank gefunden, und er sagte, er gehöre der Putzfrau.

✘ Er bezeichnete sich selbst als »vaginophobisch«.

Wenn du nach der Lektüre des Bisherigen zu dem Schluß kommst, daß eher Schweine in der Hölle Schlittschuh laufen, als daß du über deinen Ex hinwegkommst, laß den Kopf nicht hängen! Die im folgenden Kapitel beschriebenen Strategien könnten den Prozeß beschleunigen.★★

★ Nicht, daß es auf die Größe ankäme.
★★ Vielleicht aber auch nicht.

3

Die ersten paar Wochen überleben

Kleine Ablenkungen – Übergangslösungen – Was *nicht* tun

 **IM AUGENBLICK** denkst du wahrscheinlich durchschnittlich einmal pro Sekunde an deinen Ex. Eine erfreuliche Mitteilung: Am Ende dieses Kapitels wirst du nur noch einmal alle *zwei* Sekunden an ihn denken. (Na ja, ist doch immerhin ein Anfang.) Die Wochen, die unmittelbar auf eine Trennung folgen, sind immer die härtesten. In dieser frühen Phase (auch bekannt als die Scheiße-keine-Tempos-mehr-Phase) *rennst* du nun mal dauernd zum Fenster, wenn ein Wagen vorbeifährt, *sitzt* du nun mal neben dem Telefon und wartest darauf, daß es klingelt, und *antwortest* du nun mal, wenn es eine deiner Freundinnen ist, auf ihren fröhlichen Gruß hin: »Ach, *du* bist es nur.«

Kurzum, du wirst von Gedanken an deinen Ex völlig verzehrt werden. Wenn du einen Rorschach-Test machst, sieht jeder Tintenklecks aus wie er. Wenn du Wolken beobachtest, sieht jede *Wolke* aus wie er. Sogar die *Peperonis auf deiner Pizza* sehen aus wie er.

Aus diesem Grund – und das ist *sehr* wichtig – solltest du in dieser Zeit auf keinen Fall Kandidatin bei *Jeopardy!* werden, sonst passiert folgendes: ☛ Du rahmst jede Antwort in die Frage ein: »Wer ist mein Ex?« ☛ Frank Elstner wird stinksauer. ☛ Du fliegst aus der Sendung. ☛ Dir wird mit Entsetzen klar, daß du dich soeben im Fernsehen landesweit blamiert hast und *gar nicht in* Bitte lächeln! *warst*.

> »Ein paar Wochen nach einer Trennung denke ich immer unweigerlich, ich wäre schwanger. Das ist was Psychologisches. Ich glaube, es hängt mit der Angst zusammen, aus einer Beziehung nicht ungeschoren wieder rauszukommen.«
> SHERRY, SANTA FE

Hier sind drei wichtige Ratschläge:

1. ERZÄHL FREUNDEN UND ANGEHÖRIGEN NICHT, WIE OFT DU AN DEINEN EX DENKST. Sie werden nur Bemerkungen machen wie: »Schlag ihn dir einfach aus dem Kopf« oder: »Immer wenn du dich dabei ertappst, daß du an ihn denkst, stell dir ein Stoppschild vor. Ist ein echtes Patentrezept.« Worauf dir nichts anderes übrigbleibt, als ihnen den Hals umzudrehen.

2. VERSUCH ERST GAR NICHT, DEINEN EX AUS DEINEN GEDANKEN ZU VERBANNEN. Zu diesem Zeitpunkt wäre das genauso durchführbar, wie Elvis zu heiraten (bzw. für diejenigen unter euch, die glauben, Elvis sei quicklebendig und arbeite irgendwo gleich um die Ecke, Rudolf Nurejew zu heiraten). Versuch statt dessen, dich immer schön abzulenken, damit du nicht irgend etwas *furchtbar* Erniedrigendes tust wie zum Beispiel:

   a. deinem Ex auf Schritt und Tritt folgen, so daß dich seine Freunde bald »Den Schatten« nennen, oder

   b. deine Mutter anrufen und ihr sagen, wie recht sie gehabt hätte – du seist wirklich eine miese Menschenkennerin, und wenn du so weitermachtest, würdest du den Rest deines Lebens in der Tat als Single verbringen.

3. DENK DRAN, DASS ROM NICHT AN EINEM TAG ERBAUT WURDE. Es hat *Tausende von Jahren* gedauert, Rom zu bauen. Ja, Rom befindet sich *sogar in diesem Augenblick noch im Bau*. Daraus lernen wir zwei sehr wichtige Lektionen:

a. Deinen Ex zu vergessen ist, ganz ähnlich wie die Erbauung Roms, ein fortwährender Prozeß, und du mußt es einfach Tag um Tag angehen, und

b. Mann, sind diese Römer langsam.

Gut, jetzt, wo du akzeptiert hast, daß du auf absehbare Zeit von Gedanken an deinen Ex gequält wirst, ist es an der Zeit, zur Tat zu schreiten. Ja, du kannst eine Menge von Dingen tun, um diese elenden ersten Wochen so vergnüglich wie möglich zu gestalten.

Daher präsentiere ich euch nun ohne große Umschweife

Elizabeth Kusters
Zehn Gebote für die Zeit nach der Trennung

DAS ERSTE GEBOT: Du sollst dir *keinen* radikalen Haarschnitt verpassen lassen. *Grund Nr. 1:* Radikale Haarschnitte sehen zwangsläufig beknackt aus. *Grund Nr. 2:* Beknackt aussehen ist tendenziell schlecht fürs Selbstwertgefühl. *Grund Nr. 3:* Murphys Gesetz* besagt, daß du, sobald du den Frisiersalon verläßt, *bums!* deinem Verflossenen in die Arme läufst und er sagen wird: »Mann, siehst du beknackt aus.«

Eine wahre Begebenheit: Ich habe einmal eine Frau gesehen, deren Haare buchstäblich einen Bogen über ihrem Kopf bildeten. Er war aus zwei Zöpfen geformt, die in der Mitte von einer Art Glasur zusammengehalten wurden. Meine ersten Gedanken:

✗ Diese Frau hat gerade einen höchst traumatischen Beziehungsbruch hinter sich.

---

* »Murphys Gesetz« besagt: Alles, was schiefgehen kann, geht auch schief. (A.d.Ü.)

✘ Diese Frau hat einen Samurai als Friseur.
✘ He! Ich könnte versuchen, einen Ball durch ihren Haar-
kranz zu werfen!

Entspricht irgend etwas hiervon dem Bild von dir, das du anderen vermitteln möchtest? Ich glaube kaum.
Anmerkung: Es gibt nur eine einzige Ausnahme von der Haar-
schnittregel, und zwar diese: Wenn du deine Haare deswegen
nicht geschnitten hast, weil dein Ex auf lange Haare stand oder
weil er deine Frisur als persönlichen Tribut an sein Ego betrachtete, dann hast du hiermit meinen Segen, ins Bad zu rennen und dich *kahlzuscheren.*

»Mir war es wichtig, daß unsere Beziehung im
Guten endete, ehe ich mit meinem Leben fortfahren
konnte; meinem Ex war es wichtig, daß sie mit bö-
sem Blut endete. *Jahrelang* ging das so hin und her.
Zuerst lösten wir sie einvernehmlich auf – dann war
er am Boden zerstört und wollte mich zurück.
Danach trennten wir uns im Krach, dann kam ich
wiederum nicht von ihm los. Um meine Seele zu
retten, entschied ich mich schließlich für die
Radikalkur: Nach einer ganz besonders üblen Ab-
schiedsszene akzeptierte ich einfach, daß es nicht so
enden würde, wie ich es wollte, und ging nicht
mehr ans Telefon, wenn er anrief.«
BETH, NEW YORK

DAS ZWEITE GEBOT: DU sollst *NICHT* ANS TELEFON GEHEN, WENN ES KLIN-
GELT. Das ist sehr wichtig, denn wenn dein Ex anruft, könntest
du versucht sein zu sagen: »Nein, ich bin nicht beschäftigt. Ich
hab' nur mit mir selbst Scrabble gespielt. Willst du zum Bumsen
vorbeikommen?« oder: »Nein, ich bin nicht beschäftigt. Ich

führ' mir nur grad ein Pfund Häagen-Dazs, eine Schachtel Sind-die-dick-Manns und ein Sechserpack Bier zu Gemüte. Willst du zum Bumsen vorbeikommen?« Bemerkungen wie diese zeigen deinem Ex lediglich, wie verzweifelt und todunglücklich du in Wahrheit bist. Anstatt also ans Telefon zu gehen, solltest du eine unglaublich beschwingte – an Übermut grenzende – Nachricht auf deinen Anrufbeantworter sprechen. Sie sollte klingen, als müßtest du jeden Moment lachen.

> »Ich weiß, man soll nicht anrufen, um gleich wieder aufzulegen, aber … ich habe jetzt einen Speech AB, und ich hab' entdeckt, daß es einen tollen therapeutischen Effekt hat, wenn ich den Hörer abhebe, ›Drecksack‹ sage und dann sein Telefon klingeln höre.«
> ELAINE, CHARLESTON

Denk an mein Nach-Trennungs-Motto: »Trübsal blasen ist völlig in Ordnung, solange dein Ex nichts davon mitkriegt.«

DAS DRITTE GEBOT: DU SOLLST NICHT DEINEN EX ANRUFEN. Diesem Drang zu widerstehen ist eine harte Nuß, denn du wirst abwechselnd Lust verspüren,

✗ seine Stimme zu hören,
✗ die Mitteilung auf seinem Anrufbeantworter auf versteckte Bedeutungen hin zu analysieren,
✗ eine gehässige Nachricht zu hinterlassen, worauf du dann zurückrufen und dich entschuldigen mußt, und
✗ ihn anzuflehen vorbeizukommen und mit dir zu schlafen. (Siehe oben.)

Bleib standfest! Sollte die Verlockung übermächtig werden, empfehle ich meine Todsichere Anti-Anruf-Technik (TAAT). Hier die Betriebsanleitung:

»Nach unserer Trennung rief ich meinen Ex an, weil
ich mir einiges von der Seele reden mußte. Ich begann ganz freundlich, aber als ich merkte, daß er
nicht zuhörte, wurde ich wütend und fing an zu
schreien, und er legte auf. Daraufhin stampfte ich zu
seinem Haus und fing an zu brüllen, er soll mich
reinlassen. Ich machte einen solchen Lärm, daß er es
schließlich tat. Ich brüllte noch eine Weile – da
packte er mich hinten am Hosenbund und setzte
mich an die frische Luft, wie einen Sack Kartoffeln.«

TAMMY, KANSAS CITY

Schritt 1: Such das beschissenste Bild von deinem Ex heraus,
das du hast. Vergrößere es. Zieh mit einem roten Filzstift einen
Kreis um den Kopf deines Ex und anschließend einen dicken
roten Strich quer durch den Kreis.

Schritt 2: Mach eine Liste von allen schrecklichen Dingen, die
dein Ex je getan oder gesagt hat. Wenn dein Erinnerungsver-
mögen erschöpft ist, rufst du deinen gesamten Freundeskreis
an. Lies allen die Liste vor und frag, ob ihnen vielleicht noch
etwas einfällt, was du ausgelassen hast. Füg es deiner Liste
hinzu.

Schritt 3: Fotokopiere die Liste und das Foto so, daß sie ein-
ander auf demselben Blatt gegenüberliegen. Mach mehrere
Kopien davon. Häng dir eine übers Telefon, steck eine in
deine Handtasche, nimm eine mit ins Büro und verteil die anderen unter deinen Freundinnen und Angehörigen.

Schritt 4: Wenn es dir in den Fingern kribbelt, deinen Ex anzurufen, liest du die Liste und betrachtest das Foto. Wenn du

dann *immer noch* Lust hast. ihn anzurufen, ruf eine deiner Freundinnen an und laß dir die Liste von *ihr* vorlesen. Wenn sie damit fertig ist, wird sie zweifellos sagen: »All das hat er getan, und du willst ihn *trotzdem* anrufen?« Worauf du gezwungenermaßen antworten wirst: »Nein. Entschuldige. Ich weiß wirklich nicht, was ich mir dabei gedacht habe.«

Diese Taktik ist ein wunderbares Modell für negative Rükkenstärkung, und ich bin sehr, sehr stolz, dabei mitwirken zu können. Besonders da sie wirklich *funktioniert*.
Ihr seid skeptisch? Dacht' ich mir schon. Deshalb habe ich mehrere Frauen, die diese Technik angewandt haben, gebeten, einiges von ihrer TAAT-Liste preiszugeben. Hier ist eine Auswahl der Dinge, die sie aufgeschrieben hatten:

✘ »Immer wenn ich fragte: ›Wie seh' ich aus?‹, sagte er so was wie: ›Na ja, du könntest fünf Kilo abnehmen / dir den Leberfleck auf der Stirn entfernen lassen / dir die Zähne polieren lassen.‹«

✘ »Er hat mich am Valentinstag versetzt und mir nicht mal 'ne lumpige *Karte* geschickt.«

✘ »Er sagte, ich soll kein Hellblau tragen, weil ich darin ›wie ausgespuckt‹ aussehe, kein Rosa, weil es zu rüschenhaft ist, und ich wär' nicht der Rüschentyp, und kein Schwarz, weil ›es dich so unattraktiv macht.‹«

✘ »Einmal hab' ich für ihn Lasagne gekocht, und er kreuzte erst auf, als ich schon im Bett lag. Als er reinkam, fragte ich: ›Wo warst du denn?‹, und er antwortete: ›Tut mir leid, hab' ich vergessen.‹ Ich sagte: ›Aber ich hatte so tolle Lasagne gemacht.‹ Worauf er meinte: ›Ja, ich hatte grad 'ne Portion. Zu wenig Fleischsoße.‹«

✘ »Er pflegte mich ins Badezimmer zu rufen und mir zu zeigen, wie man das Kabel korrekt um den Fön wickelt und das Klopapier richtig in die Rolle einlegt.«

Glaub mir, wenn du eine Liste von Vergehen wie diesen gelesen hast, ist deinen Ex anrufen bestimmt das *letzte*, was du tun willst. Du wirst keine Lust haben, *nett* zu ihm zu sein. Du wirst keine Lust haben, *mit ihm zu schlafen*. Du wirst keine Lust haben, *seine Stimme zu hören*. Du wirst jedoch *große* Lust haben, ihn kreischen zu hören, wenn er dich mit einem neuen Typen sieht.

DAS VIERTE GEBOT: Du sollst *nicht* irgendwo hingehen, wo dein Ex sein könnte. Wenn du ihn in der Öffentlichkeit siehst, fühlst du dich nur noch mieser, besonders wenn er in Begleitung ist und/oder sich gut zu amüsieren scheint. (Und ganz besonders, wenn du selbst wie ein hängeschultriges, schniefendes Häufchen Elend aussiehst.)

Ja, das bedeutet, daß deine Bewegungsfreiheit in den nächsten paar Monaten oder so auf Hausfrauenkränzchen und Damen-Bowlingabende beschränkt sein wird. Mecker nicht, sieh's lieber positiv: Du hast jetzt die perfekte Ausrede, um Eishockey-spielen, Verbindungsfesten und Autorennen aus dem Weg zu gehen.

Anmerkung: Ich möchte ausdrücklich darauf hinweisen, daß »irgendwo, wo dein Ex sein könnte« die Wohnung deines Ex *einschließt*. Ich betone das, weil eine Frau mir erzählte, sie habe den Schlüssel ihres Ex behalten und sei eines Abends in betrunkenem Zustand in seine Wohnung gegangen. Dort überraschte sie ihren Verflossenen mit einer anderen Frau im Bett, und zwar *unter dem Laura-Ashley-Plaid, das sie ein Vermögen gekostet hatte.* Ihr Ex stand seelenruhig auf, nahm ein paar Geldscheine aus seiner Brieftasche und sagte, ohne mit der Wimper zu zucken: »Da hast du Geld für 'n Taxi.«

Tu dir bitte selbst einen Gefallen und *lerne aus dem Fehler dieser Frau.*

DAS FÜNFTE GEBOT: Du sollst deine Freunde und Familie benutzen. Hier sind ein paar Vorschläge:

✗ Sag ihnen, sie sollen, wenn sich dein Ex nach dir erkundigt, antworten: »Ihr geht's *blendend*! Sie zieht mit so einem Zwanzigjährigen rum, der in einer Band spielt. Ich persönlich finde ja, er ist zu jung für sie, aber sie sagt, er sei reifer als alle, mit denen sie bisher gegangen sei. Oh – Entschuldigung.« (Um ein optimales Ergebnis zu erzielen, sollten sie diese Antwort gut auswendig lernen, damit sie so natürlich wie möglich klingt. Vielleicht hörst du sie wöchentlich ab, nur um ganz sicher zu gehen.)

✗ Erinnere sie, daß sie deinen Ex jetzt, da *du* ihn haßt, *auch* hassen müssen – und daß sie, wenn sie dich *wirklich* lieben, deinen Ex auch dann noch weiter hassen, wenn du selbst ihm längst verziehen hast. Scheu dich nicht, an alle Verwandte und Bekannte, die deinen Ex anspucken, verächtliche Bemerkungen machen, sein Leben bedrohen u.ä., Bonuspunkte zu vergeben.

✗ Mach ihnen klar, daß es ihre vornehmste Aufgabe ist, *dich aus dem Haus zu locken*. Unter keinen Umständen darf dir erlaubt sein, *dich dem Trübsinn zu ergeben*. Tust du es dennoch, so haben sie alles stehen- und liegenzulassen – egal ob Gehirnoperation, Grand-Slam-Turnier oder Entsorgung von Atommüll – und dich auf der Stelle ins nächste Eiscafé auszuführen.

Indem du deine Lieben auf diese Weise benutzt, gibst du ihnen eine wunderbare Gelegenheit zu beweisen, wie viel du ihnen bedeutest und daß sie nicht die egoistischen, gleichgültigen Drückeberger sind, für die du sie immer gehalten hast.

DAS SECHSTE GEBOT: DU SOLLST *KEINE* ALTEN LIEBEN AUFSUCHEN. Eine Frau erzählte mir: »Wenn ich wegen einem Typ schlaflose Nächte habe, trauere ich am Ende *allen* ehemaligen Liebhabern nach. Dann denke ich: ›Hmm. So schlecht war der gar nicht; vielleicht sollte ich ihn mal anrufen.‹«
Es gibt viele, viele Gründe, dies nicht zu tun.

1. Du könntest erfahren, daß dein früherer Freund im Knast sitzt.
2. Du könntest erfahren, daß dein früherer Freund tot ist.
3. Du könntest erfahren, daß sich dein früherer Freund einer Geschlechtsumwandlung unterzogen hat und jetzt unter dem Namen Lilly Lecker bekannt ist.
4. Du gehst vielleicht tatsächlich mit deinem früheren Freund aus, um zu erleben, daß er
   a. kahl wie ein Kinderpopo ist oder
   b. ein noch größeres Arschloch ist als zuvor.
5. Am allerschlimmsten: Du erfährst vielleicht, daß dein früherer Freund glücklich verheiratet ist und zwei prächtige Kinder hat.

DAS SIEBENTE GEBOT: Du sollst in einen traumhaften Urlaub entfliehen. Mach eine ausgedehnte Reise in die Karibik oder, falls dir das zu romantisch erscheint, in ein sozialistisches Arbeitslager oder einen Kibbuz. Du wirst dich toll amüsieren, du wirst alles, was mit deinem Ex zusammenhängt, vergessen, und du wirst durch das Erlebnis ein interessanterer und kultivierterer Mensch. Und das geht so:

Du bist gerade von einer traumhaften Reise in die Karibik zurückgekehrt. Kaum betrittst du deine Wohnung, da klingelt das Telefon. Es ist Bob, dein Exfreund aus der Hölle.

EFadH: Alles war meine Schuld. Ich liebe dich, du fehlst mir, ich kann ohne dich nicht leben. Bitte komm zu mir zurück …
Du: Wer *ist* denn da?

Oder, noch besser:
Du bist gerade von einer traumhaften Reise in die Karibik zurückgekehrt. Kaum betrittst du deine Wohnung, da klingelt das Telefon. Henri, dein umwerfender, sexy, sensibler, reicher neuer Fiancé – der, den du auf Martinique kennengelernt hast

und der aus unendlicher Liebe zu dir seine Heimat verlassen hat – hebt ab.

UssrnFH: Allô?
EFadH: Äh … ist Beth da?
UssrnFH: Wär ist am Apparat?
EFadH: Hier ist Bob.
UssrnFH *(legt die Hand über die, äh, Muschel):* Ees ist für disch, chérie. Jemand, där sisch nennt Bob.
Du: Bob *wer?*

Viele der Frauen, mit denen ich gesprochen habe, *schwören* auf diese Taktik. Hier sind ein paar ihrer Fluchtgeschichten:

✗ »Nachdem unsere Beziehung aufgelöst war, flog ich auf eine der Jungferninseln und schrieb meinem Ex von dort eine sehr bissige Karte mit den Schlußworten: ›Jetzt setz' ich mich an den Strand. Du kannst dich auf das hier setzen.‹«

✗ »Ich war eine Woche auf Jamaika, alleine. Ich wohnte in einem rosa Hotel, kaufte mir ein buntes Batik-Kleid und klapperte Negril mit dem Moped ab. Die Reise gab mir wieder Selbstvertrauen, baute mich seelisch auf, rettete mir quasi das *Leben.*«

✗ »Zwei Stunden nach der Trennung packte ich eine Reisetasche, fuhr zum Flughafen und fragte nach dem nächsten Flug an einen heißen Ort. Ich landete in Tomolta, Afrika. Nach zwei Wochen in Tomolta merkte ich, daß ich immer noch nicht über den Kerl hinweg war. Ich knöpfte mir also eine Weltkarte vor und errechnete den entferntesten Punkt von ihm. Damit begann das, was ich gern ›Wandas wilde Weltreise‹ nenne. Ich verbrachte ein Jahr auf der anderen Seite der Erdkugel, bereiste Tahiti, Australien, Indonesien, Thailand und Japan. Nach ungefähr 15 000 Kilometern fühlte ich mich endlich bedeutend besser.«

51

✘ »Ich floh nach London und ging auf einen wilden Männertrip. Das tolle an einer Flucht in eine andere Stadt ist, daß du dadurch eine völlig neue Perspektive kriegst. Da erinnert dich nichts, aber auch gar nichts an deinen Ex. Dein Hirn konzentriert sich ausschließlich auf all die neuen Eindrücke.«

DAS ACHTE GEBOT: DU SOLLST DEIN SCHLAFZIMMER UMRÄUMEN. Eine Frau erzählte mir: »Am Tag einer Trennung stelle ich mein Bett um, wende die Matratze und kaufe neue Bettwäsche. Ich will es mir unmöglich machen, mir meinen Ex mit mir im Bett vorzustellen.«

Diese Frau war überrascht, als sie erfuhr, daß sie, ohne es zu ahnen, die altchinesische Kunst der Objekteanordnung praktizierte, auch bekannt als *Feng shui*. Der *Feng-shui*-Spezialistin Nancy SantoPietro zufolge gibt es mehrere Arten, ein Schlafzimmer umzugestalten, um »die eigene Aura zu reinigen«.

»Man ist in einer besseren Position, unbewältigten Beziehungsproblemen gegenüberzutreten, wenn man sein Bett so stellt, daß es dem größten Teil des Zimmers gegenübersteht«, sagte SantoPietro. »Der Blick zum Eingang sollte nicht verstellt, die Tür gut sichtbar sein. So bringt man seine Umgebung in eine gerade Linie, damit die persönliche Energie, bzw. *ch'i*, fließen kann.«

Meine Einstellung zu die-

> »Nach einer besonders schmerzlichen Trennung beschloß ich, nach Alaska zu ziehen, weil ich gehört hatte, daß es dort einen enormen Männerüberschuß geben soll. Falls du dich mit dem Gedanken trägst, gleiches zu tun, kann ich dir nur sagen: Das ist eine *verdammte Lüge*.«
> JACKIE, JUNEAU

sen und anderen *Feng-shui*-Techniken ist: Was soll's, man kann sie ja mal ausprobieren. Wenn sie nicht funktionieren, bleibt immer noch *meine* Methode der Objekteanordnung auszuprobieren, wobei du deinen Ex unter dem Vorwand, Hilfe beim Möbelschieben zu brauchen, einlädst und ihm dann, wenn er gerade nicht guckt, deinen Schreibtisch auf den Fuß donnern läßt.

DAS NEUNTE GEBOT: Du sollst alles tun, was dich aufmuntern kann. Denk dir ein paar hübsche kleine Dinge aus, die zur Steigerung deines Wohlbefindens beitragen können. Als Anregung habe ich hier eine Liste von kleinen Wohltaten, die anderen Frauen schon geholfen haben:

»Ich ess' jede Menge Schokolade. Da sollen bestimmte Chemikalien drin sein, nach deren Genuß du dich besser fühlst, und ich glaube daran.«*

✘ »Ich verbringe den ganzen Nachmittag damit, mir irgendwelche Talk-Shows reinzuziehen und die Mattscheibe anzubrüllen. Wenn ich sehe, wie *krank* andere Leute im Hirn sind, kommen mir meine Probleme absolut *nichtig* vor.«

✘ »Ich wechsele mein Parfum. Den Trick hab' ich von einem meiner Verflossenen gelernt. Ich bin ihm ein paar Wochen, nachdem wir Schluß gemacht hatten, begegnet, und er roch völlig fremd. Das hat mich echt umgehauen. Es war, als wäre er ein anderer Mensch, mit anderer Körperchemie und allem. Was bei dem klappt, klappt auch bei dir.«

✘ »Ich mache eine Lycra-Phase durch.«

✘ »Ich donner' mich auf, geh' in eine tolle Bar und laß jeden Typ, der mich anzuquatschen versucht, ganz bös abblitzen.«

---

* Für das ultimative Schokoladenerlebnis empfehle ich meinen patentierten Juhuu-Diätplan für Herzeleid (Seite 57).

✘ »Ich seh' mir *Ehen vor Gericht* an. Da bin ich richtig glücklich, daß ich ein Single bin. Ganz ähnlich geht's mir, wenn
ich um die Weihnachtszeit durch die Spielwarenabteilungen
in Kaufhäusern gehe: Da freu' ich mich riesig, daß ich keine
Kinder habe.«

✘ »Ich kreuze in meinem 1977er meergrünen Cadillac durch
die Gegend und hör' mir den George-Thorogood-Song
›Bad to the Bone‹ (schlecht bis auf die Knochen) an.«

Ich nenne diese Übergangslösungen Nach-Trennungs-Trost-
pflaster – sie machen dich nicht gesund, aber sie unterstützen
den Heilungsprozeß.

DAS ZEHNTE GEBOT: Du sollst dir vor Augen führen, daß auch dies
vorübergehen wird. Um das zu bewerkstelligen, versetzt man
sich am besten in einen anderen Augenblick seines Leben
zurück, als es einem unsagbar dreckig ging – nach der Devise:
Wenn du das überlebt hast, überlebst du auch dieses.

Ich gebe euch ein Beispiel aus meinem eigenen Leben.
Meine persönliche Hölle? Die achte Klasse. Ich hatte eine riesige Brille mit braunem Plastikrahmen, kurzes, dauergewelltes
Haar, eine silberne Zahnspange und eine flache Brust, und ich
war die einzige im Kreis meiner Freundinnen, die ihre Regel noch nicht hatte. Die Jungs nannten mich »versunkenen
Schatz«. In der Schule hatte ich häufige Kicheranfälle. Ich war
eine einzige zuckende Hormonmasse mit dem sehnlichen
Wunsch, allseits beliebt zu sein.

Während dieses Stadiums meiner Entwicklung beschlossen
meine Eltern, zum ersten und letzten Mal in unserer Fami-
liengeschichte, ein Familienporträt in einem bekannten Foto-
studio anfertigen zu lassen. Ich werde nie vergessen, wie mir
zumute war, als das Bild fertig war. Mein Vater gutaussehend,
glücklich, noch nicht ergraut. Meine Mutter der Inbegriff der
sexy Ehefrau. Meine Schwester in der Blüte ihrer siebzehn-
jährigen Schönheit: mit strahlendem Teint, Brüsten und einem

Lächeln, das Disney beschämen würde. Und dann ich: eine grinsende, präpubertäre Sumpffralle.

Meine Mutter hängte dieses Bild mitten im Flur auf, so daß der Blick darauf fiel, wenn man aus der Toilette kam. Ich mußte darum betteln, daß sie es wieder abnahm, und sie hat es endlich getan – letzten Sommer. Wen wundert es also, daß meine Schwester, nach jahrelangem Betrachten dieses Fotos, mich Leuten sehr bald mit den Worten vorstellte:»Das ist meine Schwester. Sie hat von allen Leuten, die ich kenne, die längste Häßlich-Phase durchgemacht.«

Und so verwandelte ich mich von einer Vierzehnjährigen mit Dauerwelle, platter Brust und nicht vorhandenem Monatszyklus in eine Neunundzwanzigjährige mit plattem Haar, einer ausreichend großen Brust, um Primitivlingen auf der Straße Kommentare zu entlocken, und monatlichen Krämpfen, die sich anfühlen, als würde mir ein glühend heißes Bajonett in den Unterleib gerammt.

Toll. Jetzt bin *ich* deprimiert.

>»Nach einer Trennung bewegen sich meine Gedanken zwischen ›Alle Männer sind Schweine!‹ und ›Wääh! Ich werde nie wieder so einem begegnen wie meinem Ex!‹«
> COURTNEY, MINNEAPOLIS

DER JUHUU-DIÄTPLAN FÜR HERZELEID
FÜHRT GARANTIERT ZUM SCHOKOLADENKOMA

ZUTATEN

- ✗ 5 Flaschen Kakaotrunk
- ✗ ¼ Liter Manhattan-Double-Chocolate-Eiskrem plus Schokocreme-Sprühsahne
- ✗ 2 Becher Nestlé Mousse au chocolat
- ✗ 3 Tafeln Milka-Schokolade
- ✗ 1 Schachtel Nuß-Nougat-Pralinés
- ✗ 1 Packung Coco Pops plus 2 Liter Milch
- ✗ 1 Fernbedienung

ANLEITUNG

Juhuu! Es kann losgehen! Setz dich auf deine Couch. Bau sämtliche Zutaten um dich auf. Schalt deine Lieblings-Comedyserie ein. Iß, bis alles weggeputzt ist oder du in ein Zuckerkoma fällst, was immer zuerst eintritt.

NÄHRWERTINFORMATION

- ✗ Vitamine: nein
- ✗ Fett: ja
- ✗ Kalorien: viel zu viele

Anmerkung: Wenn du den Juhuu-Diätplan mehr als drei Tage einhältst, kannst du das kommende Kapitel über Ersatzlover getrost überspringen. Das einzige Ersatzerlebnis, das dir blühen könnte, ist, von einem Fußballer mit einem Ersatzball verwechselt zu werden.

4
RACHE

»DER DOLCH IN DEN RÜCKEN WIRD AUCH DICH ENTZÜCKEN«

 **WENN DU DIE ART** von Frau bist, der Reue etwa so fremd ist wie der Wolf im Schritt, *und* wenn du glaubst, du kannst ein Leben hinter Gittern mit links und mit Stil bewältigen, dann ist Rache die Taktik für dich. Wenn nicht, dann sprich mir nach: Rache ist falsch.

Warum? Tja, ich *könnte* die unsterblichen Worte des berühmten Komikers Buddy Hackett zitieren, der sagte: »Hege keinen Groll. Während du den Groll hegst, amüsiert sich der andere beim Tanzen.« Aber du würdest wahrscheinlich bloß denken: »Was weiß Buddy Hackett schon von Rache?« Ich könnte auch erzählen, welchen psychologischen Schaden sie anrichtet und wie Rachepläne deinen Anläufen, ein glückliches Leben zu führen, in die Quere kommen, doch deine Reaktion wäre bestimmt: »Ja, ja. Sag mir lieber, wo ich Salpeter herkriege.«

Also sage ich statt dessen folgendes: Man vergißt einen Mann bedeutend schneller, wenn man nicht ständig auf der Flucht vor den Bullen ist. Ich weiß, ich weiß, ihm eine Kartoffel in den Auspuff zu stopfen klingt ziemlich verlockend. Aber geht's dir tatsächlich besser, wenn du im Knast sitzt und irgendeine hünenhafte Aufseherin dich zu ihrem nächsten Knuddelhäschen erkoren hat?

Solltest du die Stichhaltigkeit dieser Szenarien bezweifeln, dann bedenke folgendes: Rache lädt zu Vergeltung ein, und Männer sind eine *sehr* vergeltungswütige Spezies (liegt an all

dem Testosteron). Diese wahre Geschichte einer sechsund-
dreißigjährigen Akademikerin sollte zu denken geben:»Nachdem mein Freund mir den Laufpaß gegeben hatte, riß ich die
Scheibenwischer von seinem neuen Sportwagen. Er erstattete
Strafanzeige gegen mich und ließ die gesamte Motorhaube
neu lackieren. Nach einem alptraumartigen Prozeß mit einem
Richter, der meinte, ich sollte in Zukunft ein ›braves Mädchen‹ sein, bekam ich eine Bewährungsstrafe und mußte über
1300 Mark an Wiedergutmachung zahlen.« (Was nur ein Beweis für meine Theorie ist, daß Amerikas Motto nicht mehr
»Wir vertrauen auf Gott« heißt, sondern »Ich verklage!«)

Gut. Jetzt, da ich euch überzeugt habe, daß Rache etwas Ent-
setzliches und Perfides ist, etwas, das ihr nie, nie, nie tun solltet,
habe ich hier ein paar …

GARSTIGE RACHEGESCHICHTEN, die zu lesen echt SPAß macht,
weil sie VON LEUTEN HANDELN, die du nicht kennst

WAHRE RACHEGESCHICHTE NR. 1. »Ich war mit meinem Freund
mit Unterbrechungen fünfzehn Jahre zusammen gewesen.
Nachdem er mit mir Schluß gemacht hatte, nagten meine Ra-
chegefühle etwa ein Jahr lang an mir, bis ich von dem Bedürf-
nis, mich zu rächen, total besessen war. Ich fing an, eine Liste
aller Cash-on-delivery-Produkte zu machen, für die im Fernsehen geworben wurde, und bestellte diese Waren dann nach
und nach – unter Angabe der Adresse meines Ex. Im Lauf einer
einzigen Woche bestellte ich unter anderem siebzehn Dampf-
kochtöpfe, fünfundzwanzig komplette Sätze von Miracle-
Blade-Messern (die, mit denen man auch Turnschuhe und
Marmorplatten schneiden kann) und zwanzig Matratzen.
Dann füllte ich auf der Post einen Nachsendeantrag aus und
ließ seine gesamte Post an eine fiktive Adresse in Indiana
schicken. Als ich meinem Ex einige Jahre später auf der Straße
begegnete, fiel mir auf, daß er ein nervöses Zucken im Auge
bekommen hatte.«

WAHRE RACHEGESCHICHTE NR. 2. »Mein Therapeut arbeitet im selben Krankenhaus wie mein Ex. Nach unserer Trennung war ich so niedergeschmettert, daß mein Therapeut schließlich sagte: ›Hören Sie, wenn Sie wollen, daß Ihr Ex gefeuert wird – ich kann's veranlassen.‹ Es war genau wie in *Melrose Place*. Am Ende hab' ich beschlossen, meinen Ex zu verschonen: Zu wissen, daß sein Lebensunterhalt in meiner Hand lag, war mir Rache genug.«

WAHRE RACHEGESCHICHTE NR. 3. »Finanzielle Rache ist die beste, weil sie da trifft, wo es wirklich weh tut. Meine Taktik war ganz einfach: Ich nahm seine Kabelanschlußbox mit. Später habe ich erfahren, daß er seine 100 Mark Kaution verloren hat *und* Bußgelder von mehreren hundert Mark zahlen mußte.«

WAHRE RACHEGESCHICHTE NR. 4. »Als mein Mann und ich uns trennten, war ich diejenige, die auszog. Er richtete es so ein, daß er nicht zu Hause war, als ich meine Sachen abholen kam. Ich packte die Gelegenheit beim Schopf: Ich goß Bleiche in sein Woolite, schüttete Milch auf all seine Klamotten und versteckte rohe Fleischstücke im ganzen Haus.«

WAHRE RACHEGESCHICHTE NR. 5. »Mein Ex war Gärtner; er hatte ein Dutzend riesiger Blumentöpfe, die mit Erde gefüllt waren, in seinem Innenhof stehen. Nach der Trennung kletterte ich über seinen Zaun, leerte alle Blumentöpfe aus und drehte dann den Schlauch auf. Das gab eine herrliche Schweinerei.«

WAHRE RACHEGESCHICHTE NR. 6. »Mein Ex hatte mir zu Weihnachten einen Weihnachtsstern geschenkt. Nach unserer Trennung schlich ich zu seinem Haus und stellte den Topf hinter den hinteren rechten Reifen seines Wagens. Dann versteckte ich mich. Irgendwann kam er raus, stieg in den Wagen und fuhr rückwärts über die Pflanze, was ein unheimliches Knirsch-geräusch machte. Er ist zu Tode erschrocken.«

WAHRE RACHEGESCHICHTE NR. 7. »Ich nahm einen scharfen Spieß, ging zu meinem Ex rüber und zerstach ihm alle vier Reifen. Dann ging ich wieder heim und versteckte die Waffe in der Geschirrspülmaschine. Ich hab' mich richtig gut gefühlt – bis zum nächsten Tag, als ich von einem Motorrad überfahren wurde. Das war ganz bestimmt Karma.«

WAHRE RACHEGESCHICHTE NR. 8. »Vor ein paar Jahren war ich mit einem Typ zusammen, in den ich wahnsinnig verknallt war. Er entpuppte sich jedoch als Riesenarsch, und als die Bezie-hung in die Binsen ging, wollte ich, daß er sich schwarz ärgert. Also änderte ich die Telefonnummern aller Frauen in seinem Notizbuch – du weißt schon, 3en in 8en, 4en in 9en, so was – und heute, Jahre danach, ist mir das immer noch peinlich und ärgert mich maßlos und tut mir *ganz furchtbar leid, okay???*«

Das ist das schlimmste an der Rache: Meistens bereust du spä-ter, was du getan hast, auch wenn es de facto legal war. Nach-dem dies geklärt ist, nun zu einigen lustigen und relativ harm-losen Rachetaktiken, die du ausprobieren könntest. Sie sind vielleicht nicht ganz so kathartisch wie wahre Rache, aber glaub mir: Sie sind bedeutend sicherer.

RACHETAKTIK NR. 1: SING RACHELIEDER. »Ich erfinde neue Texte zu meinen alten Lieblingssongs«, erzählt eine Frau. »Statt, sa-gen wir mal, ›I shot the sheriff‹ singe ich ›I shot my boyfriend. But I did not shoot his dog Rufus.‹ (Ich hab' meinen Freund erschossen, aber nicht seinen Hund Rufus.)«
Eine andere Frau bastelt sich ihre Songs aus dem Stegreif zu-sammen. »Ich hab' einen tollen geschrieben mit dem Titel ›Fertigpudding, Fertigliebe, fertig, Schluß‹«, sagt sie.
Na denn …

RACHETAKTIK NR. 2: VERSUCH dich als SCHRIFTSTELLERIN. »Ich hab' eine ganze Computerdiskette voll von abartigen, kranken Horrorgeschichten, die von Verstümmelung handeln und deren Helden verschiedene meiner Exliebhaber sind«, erzählt eine Frau. »Wenn ich sterbe, werden meine Freunde und meine Familie diese Dateien möglicherweise mit Entsetzen lesen und schockiert was von ›Psychose‹ und ›Demenz‹ vor sich hin murmeln, aber wen juckt's?«
Tip: Falls du diese Taktik ausprobierst, gib der Datei den Namen deines Ex. Solltest du nämlich irgendwann beschließen, sie zu löschen, wird dich der Computer fragen: »Michael löschen?« Dann kannst du mit aller Entschiedenheit »Ja!« tippen.

RACHETAKTIK NR. 3: FREUNDE dich mit EINER SEINER VERFLOSSENEN AN. »Die Exfrau meines Ex und ich wurden Busenfreundinnen«, erzählt eine Frau. »Jedesmal, wenn wir zusammen ausgehen und ihn sehen, setzen wir uns zu ihm und plaudern darüber, wie er im Bett war. Das macht ihn total fertig.«

RACHETAKTIK NR. 4: BENUTZE dein HAUSTIER. »Mein Freund war ganz vernarrt in meinen Hund«, erzählt eine Frau. »Als er mit mir Schluß machte, sagte ich zu ihm: ›Ooch, jetzt wirst du den Hund nie wiedersehen.‹ Daraufhin ist mein Ex total ausgerastet.«

RACHETAKTIK NR. 5: BEUTE seine SPORTBESESSENHEIT AUS. Miete dir einen Fernseher mit Großbildschirm. Lade deinen Ex an einem Tag zu dir ein, an dem mindestens zehn wichtige Spiele stattfinden. Richte es ein, daß dich jemand anruft, gerade wenn das erste Spiel anfangen soll. Leg auf und sag deinem Ex, du müßtest ein paar Stunden weggehen, aber er könnte ruhig bleiben und sich die Spiele ansehen. Bevor du das Haus verläßt, *versteckst du noch schnell die Fernbedienung.* Wenn du dann zurückkommst, wird dein Ex herumtoben wie Rumpelstilzchen.

RACHETAKTIK NR. 6: BELEGE IHN MIT EINEM FLUCH. »Männer sind sehr leichtgläubig«, bemerkt eine Frau. »Als mein Ex mit mir Schluß gemacht hat, sagte ich ihm, er würde Schwindelanfälle kriegen, wenn er je eine andere oral befriedigt. Anscheinend hat er's gefressen, denn als ich zwei Jahre später seine neue Freundin kennenlernte, beklagte sie sich darüber, daß er keinen oralen Sex mit ihr haben wollte, weil ihm davon angeblich schwindelig würde!«

RACHETAKTIK NR. 7: ERZÄHL DEINE GESCHICHTE DER REGENBOGENPRESSE. Prominente sind wirklich gut im Austeilen. Das weiß ich, weil ich die einschlägigen Blätter lese. Da habe ich zum Beispiel folgende Details erfahren:

✗ Nachdem Woody Allen Mia wegen Soon-Yi verlassen hatte, schickte ihm Mia eine an einem Messer aufgespießte Valentinskarte.
✗ Sean Young ließ angeblich eine verstümmelte Voodoopuppe bei James Woods abgeben.
✗ Kiefer Sutherland beauftragte jemanden, über Julia Roberts' Haus hinwegzufliegen und »Julia hat Vogelstelzen« in den Himmel zu schreiben.*

Prominente haben gelernt, daß die Boulevardpresse selbst ein hervorragendes Racheinstrument ist. Ich habe zahllose Interviews mit frischgebackenen Hollywood-Singles gelesen, wobei das Telefon mitten im Interview klingelte und die betreffende Schauspielerin an den Apparat ging, eine Weile herumsäuselte und dann dem Interviewer erzählte: »Das war mein neuer Freund, Herr Supermann.«
Ich persönlich habe diese Taktik immer als unheimlich durchsichtig empfunden, aber offenbar funktioniert sie.
Und gibt es denn eine bessere Methode, Gerüchte zu ver-

---

* Na, schön, das habe ich erfunden. Es könnte aber passieren.

breiten und deinem Ex einen Dolch in den Rücken zu jagen, als durch den Abdruck deiner Seitenhiebe in der Presse? Ich denke da an Burt Reynolds, der einem Boulevardblatt erzählte, Loni sei »eine unterbeschäftigte Schauspielerin mit unterentwickeltem Selbstwertgefühl und keine gute Mutter«. Und nicht nur das, während ihrer fünfjährigen Ehe habe sie »nur neun- oder elfmal gekocht, und es war immer Pasta«.

In diesem Kapitel wäre somit bewiesen, daß die uralte Maxime immer noch Gültigkeit hat: »Gut leben ist nur dann die beste Rache, wenn es deinem Ex hundsmiserabel geht.«

5
Klausur

Nach Stunden intensiver Forschung★ bin ich zu dem Ergebnis
gekommen, daß es genaugenommen drei Arten von Nach-
Trennungs-Klausur gibt.

Klausur Typ eins:
Echter Winterschlaf

Die erste Art von Klausur möchte ich als den echten oder
bärenähnlichen Winterschlaf bezeichnen, der hier definiert
wird als eine Klausur, bei der du ins Schlafzimmer rennst, unter der Bettdecke abtauchst und nur in äußersten Notfällen
(zum Beispiel bei Feuer oder Erdbeben oder wenn du dringend aufs Klo mußt) herauskommst.

Damit der Winterschlaf auch effektiv ist, mußt du (1) Telefon
und/oder Anrufbeantworter abstellen, (2) deine Körperpflege
vernachlässigen (kein Rasieren, kein Duschen, kein Fußnägel-
schneiden) und (3) dich mit Süßigkeiten vollstopfen, bis du dir
den Spitznamen »Rotunda, Königin der Kohlehydrate« ein-
gehandelt hast. Nach drei bis vier Tagen etwa werden besorgte
Freunde anfangen, gegen deine Tür zu hämmern, bis du end-

★ Wobei ich 45 Minuten allerdings damit verbracht habe, an meinem Bleistift
zu kauen und darüber zu grübeln, was ich schreiben sollte.

> »Ich verliere den Glauben an mich selbst und an mein Urteilsvermögen total. Dann werde ich verbittert. Und dann stürz' ich mich auf Häagen-Dazs.«
> GENEVIÈVE, CHARLESTON

lich aufmachst. Und dann werden sie sagen: »Bist du okay? Hast du Depressionen? *Mein Gott – du mußt ja anderthalb Zentner wiegen! Und du stinkst vielleicht!*«

Wegen der damit verbundenen Gewichtszunahme ist ein Winterschlaf in kleinen Dosen (es geht hier natürlich nicht um Blechdosen) am wirksamsten – beispielsweise über ein verlängertes Wochenende. Und er wirkt auch nur bei introvertierten, von Natur aus zu Depressionen neigenden Typen, also Leuten, die sich in ihrer Haut am wohlsten fühlen, wenn sie sich in ihrem Elend suhlen können (du kennst dich ja am besten).

Während ich dies schreibe, steigen in mir zarte Erinnerungen an ein besonders mörderisches Trennungstrauma auf, das ich vor einiger Zeit durchlitten habe. Ich muß wohl ein ganzes Jahr im Winterschlaf zugebracht haben. Meine Wohnung habe ich nur verlassen, um an den Briefkasten oder vielleicht zur Arbeit zu gehen. Am schlimmsten waren die Wochenenden. Von Freitagabend bis Montagmorgen lag ich bei geschlossenen Jalousien einfach nur auf dem Bett, umgeben von leeren Lebensmittelverpackungen, durchweichten Kleenex und zerfetzten Ausgaben der Tageszeitung. Montag morgens pflegte ich mich aus dem Bett zu schleppen, durch den Müll zu schlurfen, zu duschen und zur Arbeit zu gehen, wobei ich meine Augen gegen das Sonnenlicht abschirmte wie ein Vampir oder ein Maulwurf.

Was mich schließlich wieder zur Vernunft brachte, war die erschreckende Erkenntnis, daß ich allmählich ein echt komischer Kauz wurde.

Ja, es stimmt schon: Wer zu viel mit sich allein ist, wird sonderbar. Das ist sogar eine wissenschaftlich bewiesene Tatsache, wie ich irgendwo gelesen habe. Aber ich brauchte keinen Beweis, denn ich habe es am eigenen Leib erfahren.

Wenn man viel Zeit allein verbringt, neigt man dazu, auf seltsam abwegige Gedanken zu kommen – und wenn man gerade an einer Trennung zu knapsen hat, können diese Hirngespinste sehr negativ sein. Einmal, als ich mich von der Welt zurückgezogen hatte, habe ich zum Beispiel in der Zeitung gelesen, Wissenschaftler hätten gerade einen neuen Algentyp, sogenannte Dinoflagellaten, entdeckt. Klingt eigentlich ganz harmlos, aber – das ist der Clou – Dinoflagellaten schwellen auf das Hundertfache ihrer Größe an *und* scheiden ein »tödliches Nervengift« aus, wenn ein Fisch (Mensch? *ich?!?*) vorbeischwimmt.

> »Ich habe einen ganzen Abend damit verbracht,
> Sachen kurz und klein zu schlagen und den Saustall
> dann wieder aufzuräumen. Leider hatte ich nichts
> zum Kaputtmachen, was ihm gehörte, weil der
> Drecksack mir nie etwas geschenkt hat! Als krönender Abschluß griff ich dann zur Schere und
> zerschnippelte mein Diaphragma.«
> VALERIE, OKLAHOMA CITY

Während ich dies las, sprangen meine Gedanken wie ein Pingpongball von »Großer Gott!« zu »Prima! Dann fahr' ich einfach ans Meer, schwimme ein bißchen herum und dinoflagelliere mich zu Tode. Mann, wird *das* meinen Ex treffen!«
Ein andermal las ich in einem pharmazeutischen Informationsblatt★, daß Forscher bei der Erprobung eines neuen Er-

---

★ Na schön, ich war halt verzweifelt

kältungsmedikaments auf eine unerwartete Nebenwirkung gestoßen waren: Wer es einnahm, bekam bei jedem *Niesen* einen Orgasmus. Mein erster Gedanke war natürlich: »Wo kriege ich dieses Zeug her?« Dann begann ich mir auszumalen, wie die Leute davon abhängig wurden – so sehr, daß sie mit aller Gewalt versuchen würden, sich zum Niesen zu bringen, indem sie sich beispielsweise in einen Schneesturm stellten, bis sie sich erkälteten, Katzen kauften, wenn sie allergisch waren, sich mit Calvin Klein Eternity besprühten u.ä. Statt Orgien zu veranstalten, würden die Leute im Kreis sitzen und eine Pfeffermühle herumgehen lassen! Die Kleenexaktien würden in die Höhe schnellen! Niemand würde mehr Sex haben! Das Leben, wie wir es kennen, würde aufhören zu existieren!

Während einer weiteren Nach-Trennungs-Klausurphase stolperte ich in einer Fachzeitschrift über eine Statistik, der zufolge Ehelosigkeit gefährlicher sei als eine Krebserkrankung. Ehe ihr jetzt in Panik geratet, möchte ich betonen, daß die Zeitschrift keinerlei Erklärung für diese Statistik anbot. Und ja, ich habe mich auch maßlos darüber geärgert.
Kurz zusammengefaßt: Wenn du dich über längere Zeiträume abkapselst, riskierst du, schrullig zu werden. Wenn du schon schrullig bist, riskierst du, ganz, ganz schrullig zu werden, so schrullig, daß du bald vielleicht mit deinen Pflanzen redest, als wären sie dein Exfreund, nur kommunikativer. Es ist ein ganz natürlicher Irrtum, aber einer, über den andere die Stirn runzeln könnten, besonders wenn du anfängst, ihn in der Öffentlichkeit zu begehen.

Die Neue-Mensch-Klausur, auch bekannt als spiritueller Winterschlaf, dient einzig und allein der Kultivierung von Körper, Geist und/oder Seele. Das ist eigentlich etwas recht Positives, daher weiß ich nicht viel darüber. Ich habe jedoch im Interesse des ethischen Journalismus (wobei ich voraussetze, daß es so etwas noch *gibt*) eine Anzahl von Frauen interviewt, die die Zeit nach ihrer Trennung genutzt haben, um sich zu bessern, die sozusagen eine regelrechte Nach-Trennungs-*Körper-und-Geist-Renovierung* vorgenommen haben. Sie hatten folgendes zu berichten:

✘ »Nach einer Trennung verbringe ich mindestens einen Monat in meiner Wohnung und verordne mir Knackarsch-Training, Gesichtsmasken und Proust. Wenn ich dann wieder in Erscheinung trete, sehe ich fabelhaft aus und fühle mich fabelhaft. Prämie: Mein Ex will mich zu diesem Zeitpunkt immer zurückhaben – und dann kann ich auch mal auf seinem Herzen rumtrampeln, wie er auf meinem rumgetrampelt ist.«

✘ »Ich empfehle dir, während deines Rückzugs von der Welt etwas Neues auszuprobieren, das dich interessiert – vorzugsweise etwas, was dein Ex hassen würde. Ich habe in der Vergangenheit Unterricht im Papiermachen genommen, Ungarisch gelernt und mir sogar einen Nasenring zugelegt. Ich habe entdeckt, daß es dir hilft, über eine Beziehung hinwegzukommen, wenn du dich selbst positiv veränderst. Es ermöglicht dir zu sagen: ›Ich bin nicht mehr die unsichere Person, die auf diesen Wichser reingefallen ist. Ich habe mich weiterentwickelt.‹«

✘ »Nach einer Trennung veranstalte ich ein spezielles sonntägliches ›Klausur-Ritual‹. Ich nehme ein Bad, gehe auf den Markt, kaufe mir einen Berg von frischen Lebensmitteln und mache mir ein phantastisches Abendessen – komplett mit Kerzenlicht und einem Gläschen Likör zum Abschluß. Damit es richtig Spaß macht, tue ich manchmal so, als wäre mein Ex dabei. Er hatte so gräßliche Tischmanieren: Er fing schon an zu essen, bevor ich mich überhaupt hingesetzt hatte; er sprach mit vollem Mund; er saß immer mit dem Arm um seinen Teller und schaufelte alles in sich rein. Wenn ich mir all das vergegenwärtige, wird mir klar, wieviel schöner es ist, allein zu sein!«

✘ »Ich verbringe meine Nach-Trennungs-Klausur damit, mich immer wieder darin zu bestärken, daß ich keine Verliererin bin, nur weil gerade kein Mann in meinem Leben ist. Ich betrachte sie als eine Zeit der Selbstfindung – eine Zeit, um die lange verstummten, lange vernachlässigten Seiten meiner Psyche wiederzuentdecken.«

✘ »Die Intervalle zwischen meinen Beziehungen sind meine produktivsten Phasen. Ich nutze die Zeit, um meine Ziele neu abzustecken und zu planen, wie ich sie erreiche. Das hilft mir, mich auf die Zukunft zu konzentrieren anstatt auf meine momentane Einsamkeit. Zur weiteren Förderung meiner Motivation lese ich Biographien von starken Frauen, die auch Erstaunliches vollbracht haben in der Zeit zwischen Beziehungen.«

✘ »Ich verkrieche mich nicht in meiner Wohnung. Statt dessen erlege ich mir viele Außer-Haus-Verpflichtungen auf. Ich helfe ehrenamtlich in der Bibliothek aus, biete mich bei Freunden als Babysitter an, trete in einen Turnverein ein. Wenn ich weiß, daß irgendwo jemand mit mir rechnet, hilft mir das, den Hintern von der Couch hochzukriegen und mich nicht dem Selbstmitleid zu ergeben.«

Ich möchte hinzufügen, daß mit das beste an der Neuen-Mensch-Klausur die Tatsache ist, daß sie dir sehr viel Zeit läßt, über die wichtigen Fragen des Lebens zu sinnieren, wie zum Beispiel:

✘ »Was mache ich, wenn Polycolor meine Haartönung aus dem Programm nimmt?«

✘ »Sind Rod Stewart und Ron Wood in Wirklichkeit nicht ein und dieselbe Person, nur mit verschiedenen Perücken?«

✘ »Wenn all meine Exfreunde in einen Bus stiegen und mit 100 Stundenkilometer nach Norden führen, während ich mit 120 Stundenkilometer nach Süden führe, wie lange würde es dauern, bis ich beim Gedanken daran, daß sie alle über mich reden – wovon ich ausgehe –, einen Nervenzusammenbruch kriege?«

Klausur Typ drei:
Sexueller Winterschlaf

Sexuellen Winterschlaf definiere ich als eine Phase, während der du dein Leben wie gewohnt weiterlebst, außer daß du sexuell abstinent bist.

Dies ist eine Taktik, von der ich viel verstehe. Nach meiner letzten größeren Trennung ging ich durch eine Phase, die ich heute meine Ein-Jahr-Trockenperiode nenne. Statt Affären zu haben, pflegte ich enge platonische Freundschaften mit einigen wirklich großartigen Menschen des anderen Geschlechts. Das bewahrte mich davor, Männer als Spezies zu hassen. Ja, es half mir sogar, Männer wieder echt zu *mögen,* und es zeigte mir, daß es da draußen ein paar wirklich nette Kerle gibt – Typen, die mich wegen meiner *inneren* Werte und nicht wegen meiner *äußeren* Werte schätzten.

Ich finde, jede Frau sollte zumindest einen Mann haben, der verrückt nach ihr ist, mit dem sie aber nicht schläft (und mit dem sie nicht verwandt ist). Aber ich muß dich davor warnen, daß einige Männer mit platonischen Freundschaften nicht umgehen können. Manche lassen sich nur darauf ein, weil ihr männliches Ego überzeugt ist, daß du früher oder später vor der natürlichen Anziehungskraft zwischen den Geschlechtern kapitulierst und doch noch eine Nummer für sie rausspringt. In zehn Jahren ungefähr wird es ihnen wie Schuppen von den Augen fallen, daß sie ihre Nummer vielleicht, aber auch nur vielleicht, *doch* nicht kriegen. In dem Fall werden sie dich wie eine heiße Kartoffel fallen lassen und mit irgendeiner doofen Tussi namens Mausi nach Las Vegas abhauen – ein mitleiderregender Versuch, ihre erschütterte Männlichkeit wieder aufzupäppeln. Nach einer Woche mit Mausi werden sie sich wieder ganz die alten fühlen, felsenfest davon überzeugt, daß sie Adonis sind und du schlicht frigide warst.

Sexuelle Trockenperioden sind nichts für Verzagte. Vor allem machen Leute, die ohne sexuelle Beziehung glücklich sind, andere Leute im allgemeinen sehr nervös. Letztere denken nämlich, *du* denkst: »Ich bin ein überlegenes Wesen. Du hingegen bist ein brünstiges Tier, das seine eigenen widerlichen sexuellen Triebe nicht in den Griff bekommt.«

Das weiß ich aus Erfahrung: Immer wenn ich während meiner Abstinenzzeit verärgert war, versuchten männliche *und* weibliche Freunde etwas von ihrer Macht zurückzugewinnen, indem sie Dinge sagten wie: »Mensch, du mußt mal wieder ordentlich gebumst werden« oder: »Was'n los – kriegste keinen ab?«

Diese Kommentare haben mich bisweilen gewurmt, aber meistens wußte ich, diesen Leuten hingen die Trauben zu hoch: Sie waren bloß neidisch, weil ich, in der Tat, ein überlegenes Wesen war.

Was man ferner bezüglich sexueller Trockenperioden im Auge behalten sollte, ist folgendes: Nur weil man keinen Sex hat, heißt das noch lange nicht, daß man aufhört, an Sex zu *denken*. Man wird genausoviel an Sex denken wie eh und je. Wichtig ist, daß du diese Gedanken nicht unterdrückst, sonst tauchen sie in deinen Träumen auf, meistens auf sehr verstörende Art und Weise. Ich weiß das, weil ich in meiner enthaltsamen Phase davon geträumt habe, mit Kermit dem Frosch zu schlafen – und daß es *toll* war!

Aus diesen und anderen Gründen erfordert eine Klausur Mut. Aber die Belohnungen sind vielfältig. Eine Zeit der Klausur – und die damit verbundene Einkehr in dich selbst – hilft dir nicht nur, dich in deiner Haut wohler zu fühlen, sondern bewahrt dich, nach den Worten einer Frau, davor, »den gleichen Beziehungsfehler mit wechselnden Darstellern zu wiederholen«.

6
JETZT ERST RECHT!
VON TROTZAFFÄREN UND TROSTPFLASTERN

 **DIE KEHRSEITE** des sexuellen Winterschlafes ist die gefürchtete und vielgeschmähte Trotzaffäre. Obwohl Trotzaffären keine Taktik sind, die mir persönlich etwas gebracht hätte, schwören genug Frauen darauf, so daß ich mich verpflichtet fühle, sie als Option zu präsentieren. Einige ihrer Pluspunkte:

✗ Sie verhindern, daß du dich einsam fühlst.
✗ Sie heben dein Selbstwertgefühl und tragen dazu bei, daß du dich attraktiv fühlst.
✗ Sex mit einem Ersatzlover kann zur Festigung deiner Gesundheit beitragen.[*] Einem Artikel zufolge hat Sex »überraschende Heilkräfte. Er baut das Immunsystem auf, lindert somit chronische Beschwerden, Steifheit und Migränen und beugt Herzerkrankungen vor.« Als Beweis für diese wundersamen Wohltaten wird in dem Artikel eine Studie zitiert, aus der hervorgeht, daß »Goldhamster, die frei kopulieren durften, selbst nach Injektionen mit krebserregenden Chemikalien gesund blieben. Ihre enthaltsamen Artgenossen wurden von denselben Injektionen krank und starben.« Und wir wissen ja alle, wie viel Menschen mit Hamstern gemein haben.[**]

---

[*] *Natürlich* meine ich safen Sex, du Eumel.
[**] Nichts.

»Wenn du der Typ für Trotzaffären bist, versuch nicht, es zu unterdrücken. Eine Freundin von mir, eine Biologin, dachte, wenn sie sich von Männern total isoliert, würde sie das davon abhalten, sich in irgendwelche zweifelhaften Abenteuer zu stürzen. Sie zog also in die Sümpfe von Florida, um Vögel zu zählen. Sie glaubte, dort wäre sie sicher, da es im Umkreis von 300 Kilometern buchstäblich keine Männer gab. Der einzige Typ, den sie sah, war der Pilot der Propellermaschine, die gelegentlich anflog, um Proviant abzuwerfen. Dieser Typ war ein kettenrauchender schwedischer Waffensammler, der kaum englisch sprach; er war obendrein ein Lügner, ein Dieb und ein Betrüger und mißbrauchte sie emotional. Und was geschah? Meine Freundin kaufte eines schönen Tages einen Wohncontainer und zog mit ihm zusammen.«

KYRA, LOUISVILLE

✘ Wenn der Sex gut ist, wird dir das helfen, etwaige schlechte sexuelle Erlebnisse mit deinem Ex leichter zu verwinden. Ich muß da an die Frau denken, der nach einem solchen Trotzabenteuer plötzlich dämmerte, daß der hakenförmige Penis ihres Ex *nicht* die Norm war, wie er behauptet hatte.

✘ Dein Trostpflaster könnte sich als deine große, einzig wahre Liebe entpuppen. Freunde werden dir natürlich sagen, so etwas sei unmöglich. Sie werden dir ebenfalls sagen, daß es ganz und gar unmöglich wäre, beim Hinablaufen einer menschenleeren Straße in New York im tiefsten Winter auf ein ausgewickeltes Eis am Stiel zu treten. Aber genau das ist mir passiert. Im übrigen haben wir alle schon von Typen gehört, die mit ihren langjährigen Freundinnen gebrochen haben, um dann mir nichts, dir nichts die nächste Frau nach nur zweiwöchiger Bekanntschaft zu heiraten. Was die können, kannst du schon lange.

Zusammenfassend läßt sich sagen, daß Trotzaffären dich von deinem Beziehungskummer ablenken können. Wie eine Frau es formulierte: »Meine Mutter hat mir immer gesagt, die beste Methode, über einen Mann hinwegzukommen, ist mit Hilfe eines anderes Mannes, und nach meiner Erfahrung trifft das zu 99,5 Prozent zu. Der Neue dient als Ablenkung, etwas, in das du hineintauchst, um deinen Ex zu vergessen.«

Das Schlüsselwort ist hierbei natürlich »etwas«. Wenn du dich als Reaktion auf eine Trennung in ein Abenteuer stürzt, behandelst du einen anderen Menschen (oder, in diesem Fall, einen Typen) als ein Ding, ein Objekt, ein Instrument für deine eigene Heilung, ohne Rücksicht auf die Gefühle dieses Menschen.

Klingt super! denkst du vermutlich gerade. Aber ich muß dich warnen: Trotzaffären bergen auch jede Menge Gefahren in sich, wie zum Beispiel:

✗ Während du mit deinem Ersatzdate unterwegs bist, könntest du deinem Ex mit *seinem* Ersatzdate begegnen. Dann kann dreierlei passieren:

1. Du gerätst derart aus der Fassung, daß du nach Hause rennst und dich in den Schlaf heulst.
2. Du gerätst derart aus der Fassung, daß du nach Hause rennst und mit deinem Ersatzlover schläfst, auch wenn du gar keine Lust hast, nur um deinem Ex eins auszuwischen. *Dann* heulst du dich in den Schlaf.
3. Du und dein Ex werden einen Ersatzdate-Wettbewerb starten, wobei ihr euch gegenseitig darin auszustechen versucht, wer die meisten und attraktivsten Gspusis an

Land zieht. Irgendwann wird dein Ex mit Cindy Crawford ankommen, und du wirst dich umbringen müssen.★

✗ Dein Ersatzlover könnte sich in dich verlieben, und dann wirst du ihn nie wieder los. »Immer wenn ich mich in so eine Affäre stürze, hab' ich dann diese Kletten am Hals, von denen ich gar nichts will«, klagte eine Frau. »Zuerst ist es wirklich schön, einen Verehrer zu haben, aber dann gehen sie einem allmählich auf den Keks. Einer von diesen Typen sagte immer Dinge wie: ›Darf ich dir beim Schminken zusehen?‹ ›Möchtest du jetzt gern etwas anderes?‹ Es wurde so schlimm, daß ich bald erst mal fünf Jack Daniel's runterkippen mußte, bevor ich ihn überhaupt ansehen konnte.« Eine andere Frau bekam von ihrem Ersatzromeo schon nach einer Woche zu hören, daß er sie liebte. »Ich mußte so tun, als würd' ich schlafen«, sagte sie.

✗ Du könntest dich in deinen Ersatzlover verlieben, aber er lehnt es ab, dich zu heiraten, weil er *weiß*, daß er nur ein Ersatz ist. Tja, Männer wissen inzwischen über das Ersatzsyndrom Bescheid. Und das haben wir uns alle selbst zuzuschreiben, weil *wir* sie schließlich gewaltsam in *Harry und Sally* geschleppt haben, einen Film, der viele bis dato unbekannte weibliche Rendezvousgeheimnisse enthüllte.

✗ Die Männer, mit denen du dich tröstest, könnten gar noch schlimmer sein als dein Ex. An dieser Stelle erscheint es mir angebracht, eine neuere, sehr wichtige Guppy-Studie zu erwähnen. Wissenschaftler haben entdeckt, daß männliche Guppys beobachten, wen weibliche Guppys abweisen; dann bleiben sie in der Nähe der Abgewiesenen, offenbar um im Vergleich mit diesen »Guppynieten«, wenn man so will, besser abzuschneiden. Nachweisliches Zitat eines Wissen-

★ Wir leben nun mal in einer Zeit, in der selbst Drachensteigenlassen ein Wettbewerbssport geworden ist, wie man an der neuen Sportart *Lenkdrachen-Fliegen* sehen kann.

schaftlers: »Sogar Fische mit nur stecknadelgroßen Gehirnen sind zu überraschend ausgeprägtem sozialen Verhalten imstande.« Der Schluß liegt nahe, daß *Typen* diesen Trick vielleicht auch kennen. Wenn du also nächstens wieder eine Single-Bar aufsuchst, wirst du dir – ganz wie der weibliche Guppy – ein paar schwierige Fragen stellen müssen, beispielsweise: *Welche sind die Nieten?*

Falls du mehr Beweise dafür brauchst, daß es schlimmere Typen gibt als deinen Ex – oder falls du dich besser fühlst, wenn du von den schrecklichen Erfahrungen anderer Leute liest –, dann solltest du dir die folgenden traurigen, aber wahren Geschichten von mißratenen Trotzaffären durchlesen:

✘ Der Ersatzdate einer Frau kam nicht zur Verabredung; also ging sie zu ihm nach Hause, um zu sehen, was passiert war. Als sie bei ihm anklopfte, riß ihr »Date« plötzlich die Tür auf und besprühte sie zwei volle Minuten lang mit einem Feuerlöscher. Dann sagte er: »Oh, tut mir leid, ich dachte, du wärst jemand anderes.«

✘ Eine andere Frau lernte einen nett aussehenden Typen kennen, der sie fragte, ob sie mal mit ihm zum Essen ausgehen wolle. Sie antwortete: »Klar, hier ist meine Karte.« Am nächsten Tag im Büro erhielt die Frau mehrere psychotische Anrufe von der eifersüchtigen Freundin dieses Typs. Sie erklärte der Freundin, daß der Typ sie lediglich gefragt hatte, ob sie mit ihm essen gehe, und daß sie ihn überhaupt nicht kannte, aber die Freundin hörte nicht auf sie. Schließlich ging die Frau nicht mehr ans Telefon. Als es wieder klingelte, nahm ihr *Chef* den Hörer ab, und die eifersüchtige Freundin sagte dem Chef, die Frau sei eine »verdammte Nutte« und er solle bei der Auswahl seiner Angestellten in Zukunft größere Sorgfalt walten lassen.

✘ Eine Frau wurde von ihrem Trostpflaster nach der Verabredung auf eine Tasse Kaffee in seine Wohnung eingeladen,

und das arme naive Ding sagte okay. Als er sich an sie ran-
machte, sagte sie: »Tut mir leid. Ich bin noch nicht soweit.
Ich hab' mich gerade von meinem Freund getrennt.« Der
Typ erwiderte: »Ah ja, ich verstehe.« Nach einer kurzen
Pause meinte er: »Wie wär's, wenn du mir dann einfach nur
einen bläst?« Als sie nein sagte, warf er sie raus und knallte ihr
die Tür vor der Nase zu.

✘ Eine andere Frau ging ersatzweise mit einem Typen aus, der
nie anrief, wenn er es versprochen hatte. Wenn sie ihm un-
verhofft über den Weg lief, sagte er immer: »So ein Zufall!
Ich hätt' dich beinah angerufen, aber es ist was dazwischengekommen.« Da sie nicht auf den Kopf gefallen war, hörte
sie auf, sich mit ihm zu verabreden. Monate später begegnete sie ihm auf einer Fete, und er sagte: »So ein Zufall! Ich
wollte dich anrufen, aber es ist was dazwischengekommen!«
Und sie erwiderte: »So ein Zufall! Ich wollte einfach auf-
legen!«

✘ Eine Frau hatte einen Kerl abgeschleppt, der bei ihr über-
nachtete. Als sie ihm am nächsten Morgen Frühstück
machte, schrie er: »Mein Gott! Das ist ja furchtbar! Im
Rührei ist ein kleines Stück Eierschale, und du hast den
Toast auf die falsche Tellerseite gelegt! *Aargh!*« Er stürmte
hinaus und ward nie mehr gesehen.

✘ Eine andere Frau ging mit ihrem Date in ein Lebensmittel-
geschäft, um was zum Knabbern zu kaufen. Da er Nüsse
wollte, ging sie zu einer dieser Selbstbedienungstheken,
wo man nach Gewicht bezahlt. Ein paar Minuten später er-
wischte sie ihn dabei, wie er Cashewkerne in seine Erdnüsse
schaufelte, um sie zum billigeren Erdnußpreis zu kriegen.

✘ Bei einem Rendezvous im Restaurant ging eine Frau zur
Toilette. Als sie zurückkam, erspähte sie drei winzige Zettel
auf dem Tisch, »die so klein zusammengefaltet waren, daß
sie wie Fusseln aussahen«. Ihr Date ließ sie schnell in seiner
Tasche verschwinden und sagte: »Ach, das sind nur Telefonnummern, die ich für einen Freund aufhebe.«

✘ Der Ersatztyp einer Frau entpuppte sich als chronischer Wichser. Er masturbierte fünfmal am Tag, ob sie da war oder nicht. Sie hörte auf, sich mit ihm zu treffen, als er eines Nachts …

> *Achtung:* Der Rest dieses Satzes ist äußerst anstößig und könnte selbst die Leserinnen schockieren, die bisher noch nicht schockiert waren.

… einen feuchten Traum auf ihrem Rücken hatte.

Solcherlei schlechte Erfahrungen mit Trotzaffären werden es dir schwermachen, Männer als Menschen zu mögen. Sie werden dich zu der Annahme bringen, daß Männer mit Vorliebe Jagd auf verwundbare alleinstehende Frauen machen, was dich verbittern wird. Du wirst denken, du hättest schon mehr auswendig gelernten Text gehört als der berühmte Theaterregisseur und Schauspiellehrer Lee Strasberg, worauf du dich abgestumpft fühlen wirst. Verbittert und abgestumpft ist nicht gut. Die einzige Frau, die das mit Nonchalance abgezogen hat, war Dorothy Parker, und die war Alkoholikerin. Außerdem ist sie tot.

Wenn du nach diesen eindringlichen Warnungen dennoch das Wagnis einer Trotzaffäre eingehen willst, dann solltest du wissen, daß einige Typen sich dafür besser eignen als andere. Generell gilt: Männer, die schreckliche Beziehungspartner abgeben würden, sind die besten Trostpflaster. Einige Beispiele:

✘ Musiker, Schauspieler, Profisportler – jeder Typ mit einem Gefolge kreischender Fans. *Vorteil:* Deine Freunde werden beeindruckt sein. *Sie eignen sich schlecht als feste Freunde, denn:*

Sie werden mit jedem ihrer kreischenden Fans schlafen, bis sie sechzig sind. Dann sterben sie.

✘ Mönche (eine Frau hatte ein Techtelmechtel mit einem gregorianischen Mönch, der genau aussah wie Gary aus *Die besten Jahre*). *Vorteil:* Respektvoll, ruhig, können gut psalmodieren. *Sie eignen sich schlecht als feste Freunde, denn:* Na ja, sie sind halt *Mönche*.

✘ Männer, die aus Gründen, die nichts mit dir zu tun haben, nicht lange in der Gegend bleiben werden. Die Liste umfaßt: ☛ Männer im Urlaub (deinem oder ihrem), ☛ Matrosen auf Landurlaub, ☛ entflohene Häftlinge, ☛ Kandidaten für Neue-Identitäts-Programme (Zeugen in Mafiaprozessen, enttarnte Agenten u.ä.), ☛ Männer in Hotelbars und die ewig zuverlässigen ☛ Ausländer. Von letzteren sagte eine Frau: »Das beste Trostpflaster, das ich je hatte, war ein Franzose namens Jacques. Er war etwa alle sechs Monate mal in der Stadt. Das einzige, was er auf Englisch sagen konnte, war ›Leila, hier ist Jacques. Ich komme an.‹« Eine andere Frau hatte eine Affäre mit einem verheirateten Mann in Gorki, Rußland, *bevor* der Eiserne Vorhang fiel. (Na, wie ist *das* als Beispiel für Angst vor einer festen Bindung?) *Vorteil:* Viel Spaß ohne damit verknüpfte Bedingungen. *Sie eignen sich schlecht als feste Freunde, denn:* Sie neigen dazu, vom Erdboden zu verschwinden.

Tip: Wenn du mit einem Typen auf der Durchreise was anfängst, gib ihm einen falschen Namen und eine fiktive Adresse. Sonst könnte es dir ergehen wie der einen Frau, die Post wie diese bekam: »Ich hab' allen meinen Freunden in der Fahrschule von dir erzählt und wie gut du aussiehst und daß du ein Model sein solltest, aber keiner hat mir geglaubt. Schick mir bitte ein Foto von dir, weil ich sie sonst nicht davon überzeugen kann, daß du wirklich existierst.«

Andere Trotzaffären sind nicht so klar in Schwarz und Weiß aufgeteilt. Die folgende Liste zum Ausschneiden sollte dir helfen, eine sachkundige Entscheidung zu treffen, und dabei gewährleisten, daß deine Ersatzdate-Erfahrung so angenehm wie möglich ausfällt.

DER E-MAIL-DATE

Motto: »Im Internet sind alle Dates blind.«

Vorteile:

✗ Du kannst mit einem Typen flirten, ohne ihn je zu sehen oder seinen Atem zu riechen.
✗ Du kannst den Kerl tatsächlich näher kennenlernen, *bevor* du ihm deinen Namen und deine Telefonnummer verrätst.
✗ Du kannst einen »Date« haben und dabei mit mayonnaiseverschmiertem Gesicht, riesigen rosa Lockenwicklern im Haar und einem Liter Mövenpick Creme Kirsche neben dir am Computer sitzen, und er wird nicht klüger sein als zuvor.
✗ Du kannst dich als Claudia Schiffer ausgeben.

Nachteile:

✗ Die Tatsache, daß sie dich nicht sehen können, wird viele Männer nicht davon abhalten, sexistische Schweine zu sein. Als sich eine Frau zum ersten Mal ins Onlinenetz einloggte, bekam sie sofort die Nachricht: »Willst du mich in Ketten legen und mich zwingen, dir die Füße zu küssen?«
Tip: Wenn du dir einen geschlechtsneutralen Codenamen wie Terminator aussuchst, bleibst du von den Spastis, die automatisch Frauen aufs Korn nehmen, eventuell verschont.

✘ Der Typ mit dem Codenamen Roman Tiko, mit dem du mehrere schmutzige Geheimnisse ausgetauscht hast, könnte sich als ein Vierzehnjähriger mit gravierender Akne und stocksaurer Mutter entpuppen.

✘ Wenn du deine Telefonrechnung siehst, könntest du einen Herzinfarkt bekommen. Die meisten Onlinedienste kosten ungefähr 5 Mark die Stunde. Bei zwei Stunden Netsurfen pro Abend macht das etwa DM 300 im Monat. Und das kommt zu den Gebühren für all die Male, die du deinen Ex – trotz meiner Ratschläge – angerufen und gleich wieder aufgelegt hast, noch hinzu.

DER UPS-MANN

Motto: »Er kommt jeden Tag.« (Ähemm)

Vorteile:

✘ Er ist verläßlich.
✘ Er hat einen Job.
✘ Er trägt eine sexy Uniform.

Nachteile:

✘ Du wirst für Millionen Dinge bestellen, die du nicht brauchst, nur damit er vorbeikommt.
✘ Du wirst auf seine anderen sogenannten Kundinnen eifersüchtig.

DER SINGLE-BAR-DATE

Motto: »Nach dem zwanzigsten Cocktail sieht sogar der Barhocker klasse aus.«

✘ Getränke umsonst.
✘ Du fühlst dich so cool, so befreit, so Bluna.

Nachteile:

✘ Du wachst vielleicht morgens mit einem Barhocker neben dir im Bett auf.

DER KOTZBROCKEN, MIT DEM DU DICH IM LEBEN NICHT BLICKEN LASSEN WÜRDEST, WENN DU NICHT SO VERZWEIFELT WÄRST

Motto: »Jede Verabredung ist besser, als mit Oma zu Hause rumzuhocken.«

Vorteil:

✘ Du wirst deine Oma wieder richtig schätzenlernen.

Nachteil:

✘ Murphys Gesetz besagt, daß dich dein Ex mit diesem Vogel sehen und sich auf deine Kosten schieflachen wird.

DIE AFFÄRE MIT DEM BRUDER / BESTEN FREUND DEINES EX

Motto: »Wer zuletzt lacht, hat die beste Rache und schlägt dabei zwei Fliegen mit einer Klappe.«

> »Nach einer Trennung schüttelt meine beste Freundin potentielle Verfolger mit folgenden Worten ab: ›Ich hab' keine Büronummer, aber ich bin leicht zu finden: Ich betreibe das Riesenrad im Freizeitpark von Mall of America.‹ Tja, da gibt's gar kein Riesenrad!«
>
> JANET, MINNEAPOLIS

Vorteile:

✘ Bringt deinen Ex auf die Palme.
✘ Könnte seine Beziehung zu besagtem Bruder/besten Freund zerstören und ihn zu einem todunglücklichen Menschen machen.

Nachteil:

✘ Funktioniert nur bei Gestalten in *Melrose Place* und *Beverly Hills, 90210*.

7
Filme, Bücher und Songs, die du dir in dieser Phase zu Gemüte führen solltest

(Und solche, die du wie die Pest meiden solltest)

 **FILME, BÜCHER UND** Songs sind eine phantastische Ablenkung nach einer Trennung, vorausgesetzt, du suchst dir die richtigen aus. Also habe ich mir das Hirn zermartert und kann mit folgenden Vorschlägen zur Orientierung aufwarten. (Ich bin doch klasse, oder?)

Empfehlenswerte Filme

✘ Woody-Allen-Filme, weil sie die These untermauern, daß Beziehungen die Hölle sind, und dich überglücklich machen, Single zu sein. Außerdem bringen sie dich zum Lachen.

✘ Männer-sind-Vollidioten-Filme: *Reichtum ist keine Schande, Dumm und dümmer, Billy Madison, Guck mal, wer da spinnt* (oder wie immer Jim Carreys neuester Film heißen mag), *Greystoke – Die Legende von Tarzan* (worin das törichte Unterfangen von Lehrern veranschaulicht wird, Männern das Sprechen beizubringen).

Jeder Film, den du toll fandest und dein Ex nicht ausstehen konnte, weil dich das Ansehen solcher Filme darin bestärkt, daß ihr beide überhaupt nicht zueinander gepaßt habt. (Mir ist klar, daß dieser Ratschlag einen Ansturm auf die Verleihung von *Das Piano* auslösen könnte, aber das Risiko gehe ich gern ein.)

✘ Höllenweiber-Filme, wie zum Beispiel *Die Teufelin* (Roseanne auf Amoklauf), *Tau mich auf, Liebling* (Teri Garr legt fremdgehenden Ehemann auf Eis), *Girlfriend from Hell* (Frau bringt Leben – und Tod – in eine Party, nachdem der Teufel Besitz von ihr ergriffen hat) und *Die Satansweiber von Tittfield* (umwerfende Frau verdrischt Männer und ergötzt uns dabei mit herrlich platten Dialogen).

✘ Männer-sind-Schweine-Filme: *Porky's* springt einem sofort als besonders schweinisches Beispiel ins Gedächtnis, zusammen mit *Animal House – Im College sind die Affen los* (genug gesagt) und *Der Duft der Frauen* (Moral: Auch blinde Männer können Sexisten sein). Ich könnte fortfahren, doch die Liste ist endlos, und dies ist nur ein schmales Paperback.

✘ Fluchtfilme, wie *Shirley Valentine – Auf Wiedersehen, mein lieber Mann* (gelangweilte Hausfrau fährt nach Griechenland), *Verzauberter April* (gelangweilte Hausfrau fährt nach Italien), *Reise aus der Vergangenheit* (Bette Davis findet sich plötzlich weitab vom Weg wieder – in mehr als einer Hinsicht) und *Zimmer mit Aussicht* (männlicher Frontalakt).

Apropos männlicher Frontalakt, besondere Erwähnung verdient hier die Serie *The Operation* im amerikanischen Bildungsfernsehen, ein hervorragender Schauplatz zum Ausleben eventueller Kastrationsphantasien, da in der Sendung des öfteren Vasektomien gezeigt werden.

Zu meidende Filme

✘ Jeder Film, den du mit deinem Ex gesehen hast oder der dich auf irgendeine Art und Weise an ihn erinnert.

✘ Schnulzen oder jeder Film, in dem ein Mann und eine Frau miteinander schlafen und am Ende immer noch zusammen sind.

✘ Filme mit überflüssigen Sexszenen. (Bedauerlicherweise schränkt das die Auswahl auf Kriegsfilme, Kung-Fu-Streifen oder *Dumbo, der fliegende Elefant* ein.)

Empfehlenswerte Bücher

✘ Jedes Buch, das deine Probleme vergleichsweise klein erscheinen läßt *(Das Tagebuch der Anne Frank, Ein Baum wächst in Brooklyn, Meine Welt – Autobiographie von Helen Keller).*
✘ Biographien starker Frauen.
✘ *Ayla und der Clan der Bären:* Diese in prähistorischer Zeit angesiedelte Romanreihe kreist um eine starke Cromagnon-Frau, die sich buchstäblich mit einer Horde Neandertaler herumschlagen muß. (Ich bin sicher, davon können wir *alle* ein Lied singen.)
✘ Wirklichkeitsferne Bücher Alles, was dich mehr als fünf Minuten von deinem Ex ablenkt, u.a. Romane von Agatha Christie, John Grisham und Stephen King.
✘ Bücher, die dir bestätigen, daß du in deiner Beziehungshölle nicht allein bist. Cynthia Heimels Bücher *Keine Zeit für Zungenküsse* und *If you can't live without me, why aren't you dead yet?* (wenn du ohne mich nicht leben kannst, warum bist du dann noch nicht tot?) sind zwei großartige, witzige Beispiele dafür.

Zu meidende Bücher

Liebesromane: Zu diesem Zeitpunkt würden sie dich nur deprimieren und bewirken, daß du deinem Ex nachtrauerst. Außerdem könnten sie dazu führen, daß du Fabio glorifizierst, und *das wollen wir doch nicht*!

Im Grunde genommen ist fast jeder Song, der eine Aussage hat, geeignet, besonders, wenn er von einer Frau gesungen wird. Es gibt jede Menge davon, um nur einige Beispiele zu nennen: Der TLC-Song »Bad By Myself« (ganz allein böse), »My Lovin' (You're never gonna get it)« (meine Liebe, die kriegst du nie) von En Vogue, Jody Watleys »Looking for a new love« (auf der Suche nach einer neuen Liebe), Madonnas »Bye bye, Baby«, Monie Loves für sich selbst sprechendes »I just don't give a damn« (ist mir einfach scheißegal) und »I'm not bitter, I just wish you were dead« (ich bin dir nicht böse, ich wünscht' bloß, du wärst tot) von den Voodoo Queens.

Nach meiner letzten Trennung habe ich mir sogar eine Trennungskassette zusammengestellt und sie mir immer angehört, wenn ich anfing, meinen Ex zu vermissen. Vielleicht willst du das ja auch mal ausprobieren.

Zu meidende Musik

Sprich mir nach: Keine Country-music. Keine traurigen Liebeslieder. Keine *glücklichen* Liebeslieder. Und unter gar keinen Umständen *Blues*! Wenn du glaubst, daß es dir davon besser geht, bist du auf dem Holzweg. Viel wahrscheinlicher ist, daß du daraufhin in die Küche rennst und zu einem Messer greifst, um dir damit die Pulsadern aufzuschneiden – oder in die Bar an der Ecke rennst, wo du deine Sorgen in Schnaps ertränkst, dir auf die Schuhe kotzt und dich von irgendeinem Kerl abschleppen läßt, der Tabak kaut. (Zumindest habe ich *gehört*, daß so was passieren wird.)

Logischerweise solltest du dir »dein Lied« lieber nicht anhören, und ich schlage vor, du meidest auch »Memories« (Erinnerungen), »The way we were« (wie wir waren), »Feelings«

und »Yesterday«, ganz zu schweigen von Schnulzen der fünfziger Jahre. Ach ja – und auch Whitney Houston, insbesondere ihren Song »I have nothing (if I don't have you)« (ich hab' nichts, wenn ich dich nicht hab'). Achtung, Whitney: Renn, so schnell du kannst, zur nächsten Selbsthilfegruppe für Beziehungssüchtige.

Apropos beziehungssüchtig, ich hätte da auch ein paar erlesene Worte für den Menschen, der »How am I supposed to live without you?« geschrieben hat:

Frage: Wie soll ich ohne dich leben, wo ich dich schon so lange liebe? Wie soll ich weitermachen, wenn alles, wofür ich gelebt habe, fort ist?

Antwort: Locker und entspannt.

Wie du siehst, sind Lieder in diesem Stadium voller emotionaler Handgranaten, und es ist wohl daher ratsam, dein Radio in diesen ersten Monaten gar nicht erst einzuschalten. Vergiß auch nicht, deinen Radiowecker auf »Alarm« zu stellen. Sollte dir das Mißgeschick passieren, von einem Lied geweckt zu werden, das dich an deinen Ex erinnert, *wird es dir den ganzen Tag im Kopf herumspuken, und du wirst langsam dem Wahnsinn verfallen.*

Zweiter Teil

Fünf bis acht Monate später:

Du bist immer noch nicht über ihn hinweg?

5 Anzeichen dafür, daß du keinen sauberen Schlußstrich gezogen hast

✘ Du siehst dir so viele kitschige Fernsehdramen an, daß du dir den Hintern schon wundgelegen hast.

✘ Immer wenn du deinen Ex mit einer fremden* Frau siehst, bekommst du einen Asthmaanfall – obwohl du gar kein Asthma hast.

✘ Das Foto deines Ex ziert immer noch deine Dartscheibe.

✘ Du haßt jeden Typ, der denselben Vornamen hat wie dein Ex, auch wenn dein Ex Keanu, Harrison oder John-John hieß.

✘ Deine Telefongespräche mit Freunden verlaufen alle etwa so:

DU: Shirley! Bin ich froh, daß ich dich endlich mal erwische! Hast du meine Nachrichten nicht gekriegt? Ich hab' so an die zwanzig hinterlassen.

SHIRLEY: Ach, äh, ja. Ich hab' nur in letzter Zeit soviel zu tun gehabt …

DU (unterbrichst sie): Du kannst dir *im Traum* nicht vorstellen, was passiert ist. Ich bin gestern am McDonald's vorbeigefahren und hab' Derek mit ein paar Freunden drin sitzen sehen, und – jetzt *kommt's* – er hat *geredet und gelacht*. Stell dir das vor! Der hat vielleicht Nerven, dieser Drecksack! Nach allem, was ich für ihn getan habe! Ich meine, reden *und* lachen. Es war sonnenklar, daß seine Fröhlichkeit nur aufgesetzt war. Meinst du nicht?

SHIRLEY: Äm, na ja … Huch! Ist das spät! Ich muß

---

* D.h. eine, die nicht du bist. ☞

Schluß machen. Ich erwarte einen wichtigen Anruf von meinem … Optiker! Ja, mein Optiker ruft jede Minute an, um mir was ganz Wichtiges zu sagen! Also, dann! Mach's gut! *(Klick)*

8
Psychologische Ratgeber

Solltest du sie lesen? Sie meiden? Sie als Brennholz benutzen?

 **NA SCHÖN,** es sind also vier Monate ins Land gezogen, und die Trennung macht dir immer noch zu schaffen. Ich muß dir leider mitteilen, daß das nur eines bedeuten kann: Irgend etwas stimmt mit dir ganz und gar nicht.

Nur ein kleiner Scherz. Wie wir aus Kapitel 2 wissen, kann es Jahre, sogar Jahrzehnte dauern, bis man über einen Verflossenen hinweg ist, selbst wenn die ganze Beziehung aus einer einzigen Verabredung zum Lunch bei Burger King bestanden hat.

Du glaubst das vielleicht nicht. Du glaubst vielleicht, daß irgendwas tatsächlich nicht mit dir stimmt. Eine Frau erzählte mir: »Nach einer Trennung denke ich zwangsläufig, daß die Beziehung nicht so geendet wäre, wenn ich mich anders verhalten hätte. Daß ich nie wieder eine schlechte Beziehung hätte, wenn ich mich nur ändern könnte.«

Solche und ähnliche Überlegungen sind es, die Frauen nach einer Trennung in die Ratgeberecke von Buchhandlungen treiben, als könnten Bücher wie *War es Liebe oder war es Humbug?*, *Ich bin okay, du bist ein Arschloch* oder *Ade, Schuldgefühl: Befreiung von Scham und Wut durch Akte extremer Gewalt* ihre Beziehungsprobleme lösen.

Es ist sehr wichtig, daß du diesem Selbsthilfedrang, wenigstens ein paar Monate lang, widerstehst. Warum? Weil dabei − so bewundernswert der Wunsch, sich zu ändern, auch sein mag − ein bedeutsamer Faktor übersehen wird: Zu einer Beziehung gehören *zwei*. Du könntest so ekelerregend lieb werden wie

Melanie in *Vom Winde verweht* und doch eine schlechte Beziehung haben, wenn du dich mit dem falschen Typen eingelassen hast.

Hier sind drei weitere gute Gründe, vorerst einen Bogen um Selbsthilfebücher zu machen:

1. Du kriegst davon glasige Augen. Psychologische Ratgeber lassen sich oft sehr schlecht lesen. Das kommt, weil sie von Psychologen und Therapeuten geschrieben werden, Leuten, die für ihr Leben gern mit Begriffen wie »empirische Daten« und »paranoide Schizophrene« um sich werfen. Überdies neigen Psychologen dazu, sich endlos über ein Thema auszulassen. Ihr glaubt mir nicht? Hier ist ein tatsächliches Zitat aus einem Selbsthilfebuch, das ungenannt bleiben wird:

»Manche Menschen sind hochgewachsen, andere klein; manche sind dünn, andere dick; manche sind voller Energie, andere phlegmatisch.* Manche neigen von Natur aus zu Koliken, sind reizbar und fahrig; andere sind von Natur aus ruhig und fröhlich; manche sind aufgeweckt, lebhaft und talentiert; andere fade und schwerfällig.
Manche sind arm, andere wohlhabend. Manche haben geschiedene Eltern oder einen oder beide Elternteile schon früh verloren. Manche Eltern können kalt und autoritär, gleichgültig, unsensibel oder sogar gewalttätig sein, und andere Eltern sind warmherzig, intelligent und fürsorglich.«

Da möchte ich noch hinzufügen: »Manche lassen sich so breit über Offenkundiges aus, daß sie einem auf den Geist gehen und man ihr Buch am liebsten aus dem Fenster werfen würde; andere nicht.«
Das dumme an langweiligen Büchern ist, daß deine Gedanken

---

* Pfui Teufel.

dabei automatisch abschweifen, und während deine Gedanken schweifen, könnte sich dein Ex in deinem Kopf wieder ganz in den Vordergrund mogeln. Und das wollen wir doch nicht, oder?

2. EGAL, WELCHE PSYCHOLOGISCHE STÖRUNG DAS BUCH ZUM THEMA HAT, DU BIST BALD ÜBERZEUGT, DASS DU SIE HAST. Jede/r Autor/in möchte, daß sich sein/ihr Buch verkauft, und Ratgeberautoren sind da nicht anders. Die Symptome für diese Störungen sind oft sehr breit gestreut, denn der Grundgedanke ist, je mehr Leute sich von dem Buch angesprochen fühlen, desto mehr Geld bringt es. Hier sind ein paar konkrete »Symptome«, wie sie in verschiedenen psychologischen Ratgebern beschrieben werden:

✘ Du hast ein geringes Selbstwertgefühl, wenn du allein und ohne Liebesbeziehung bist.
✘ Du empfindest ein Gefühl der Trostlosigkeit.
✘ Du hast Angst vor der Einsamkeit.
✘ Du hast den falschen Partner gewählt.
✘ Wie stark deine Gefühle für das Objekt deiner Liebe auch sein mögen, du mußt zusehen, wie du diesen Menschen allmählich verlierst.

Trifft eine oder mehrere dieser Aussagen auf dich zu? Herzlichen Glückwunsch! Du bist beziehungssüchtig/eine Sklavin der Liebe/eine Borderline-Persönlichkeit. (Falls es euch nicht aufgefallen sein sollte, möchte ich darauf hinweisen, daß sich jede einzelne dieser Aussagen auf Personen anwenden läßt, die gerade eine Trennung hinter sich haben.)
Denk dran: Die Ratschläge in Selbsthilfebüchern können sehr objektiv sein. In extremen Fällen kann der/die Autor/in *alles erfunden haben*. Ich weiß das aus Erfahrung.

3. DER VERSUCH, PSYCHOLOGISCHE PROBLEME IM ZUSTAND TIEFSTER VERZWEIFLUNG IN DEN GRIFF ZU BEKOMMEN, IST WIE DER VERSUCH, DEINE

Brille zu finden, wenn du sie nicht aufhast. Wie willst du deine Psyche genau analysieren, wenn du in Selbsthaß versunken bist? Wie willst du »positiv denken«, wenn du am liebsten dich selbst, deinen Ex, deinen Zeitungsjungen umbringen würdest? Machen wir uns nichts vor: Wenn du dich verletzlich und unattraktiv fühlst (wie das bei vielen Frauen nach einer Trennung der Fall ist), muten die meisten Selbsthilferatschläge einfach nur grotesk an. Im schlimmsten Fall könnten sie Tobsuchtsanfälle mit tödlichem Ausgang nach sich ziehen.

Um dies zu veranschaulichen, habe ich konkrete Selbsthilfeübungen aus verschiedenen veröffentlichten Büchern zusammengetragen. Zuerst werdet ihr diese Übungen so lesen, wie sie gedruckt erschienen. Anschließend lest ihr *meinen* Kommentar dazu. Dann fangen wir mal an.

SELBSTHILFEÜBUNG NR. 1: »Spiegelliebe.« »Gehen Sie zu einem Spiegel. Schauen Sie sich tief in die Augen. Sagen Sie: ›Ich liebe dich.‹«
Möglicherweise *wirst* du dich irgendwann lieben, wenn du diese Übung oft genug wiederholst. Ich kann dazu nichts sagen. Jedesmal, wenn ich es versucht habe, habe ich irgendein neues Fältchen entdeckt und konnte mich auf nichts anderes konzentrieren. Ich bat daher eine Freundin, es auszuprobieren. »Kommt nicht in Frage«, sagte sie. »Wie ich mich kenne, würde ich anfangen, an mir rumzufummeln. Dann würde daraus vielleicht etwas Ernstes werden, und schon wär' meine Bindungsangst da. Irgendwann müßte ich mich dann von mir trennen.«
Tip: Falls du diese Übung probieren willst, sieh zu, daß deine Vorhänge zugezogen sind, sonst bist du für deine Nachbarn vielleicht bald »Diese komische Tusnelda, die mit ihrem Spiegelbild spricht«.

SELBSTHILFEÜBUNG NR. 2: »Fröhliche Gedanken.« »Auch wenn Sie es glauben, so sind Sie doch nicht *restlos* traurig. Eine konterintuitive Methode, um Ansätze von Glücksgefühl zu verstärken, ist die Konzentration auf den Versuch, *nicht* glücklich zu sein.

Nehmen Sie sich ein paar Minuten Zeit, um jedes Gefühl von Glück aus Ihrem Kopf zu verbannen. Lassen Sie auf keinen Fall irgendeine glückliche Erinnerung, Empfindung oder Absicht eindringen. Die meisten Menschen schaffen das nicht. Dieses Experiment kann Sie Ihrer angeborenen Fähigkeit, Freude zu empfinden, näherbringen.«

> »Als mein Ex auszog, habe ich nicht mal geweint. Ich habe mich fiebrig darauf gefreut, wieder Raum für mich selbst zu haben. Er hatte ein Waffenregal, das *nicht* zu meiner Einrichtung paßte; ich war überglücklich, es rausfliegen zu sehen.«
>
> Dalena, Los Angeles

Meine anfängliche Reaktion auf diese Übung: »Du kannst mich mal.« (Ich bin vielleicht etwas seltsam, aber wenn ich deprimiert bin, komme ich tage-, sogar *monate*lang ohne einen glücklichen Gedanken aus.) Überraschendes Resultat: Diese Übung hat mir geholfen, mich meinem angeborenen Haß auf glückliche Menschen näherzubringen.

SELBSTHILFEÜBUNG NR. 3: »Erzählen Sie Ihre Geschichte anderen.« Viele Bücher empfehlen, Gruppen beizutreten wie »Gerissene Säume flicken: Ein Workshop für Frauen mit gebrochenen Herzen.« (Diese Gruppe ist keine Erfindung von mir – aber ich wünschte, sie wär's.)

Nach der der Gruppentherapie zugrunde liegenden Theorie hilft dir das Gespräch mit Menschen, die Ähnliches erlebt haben, deine Probleme zu bewältigen. Ich dagegen bin der Auffassung, daß Therapiegruppen schädlich sein können, denn wenn du einer beitrittst, wird dein »Problem« zum Allerwichtigsten an dir. Statt dich als vitale, attraktive Frau zu sehen, die einfach nur Schwierigkeiten hat, den richtigen Typen kennenzulernen, siehst du dich als emotional lädierte Frau, die Probleme mit Beziehungen hat. Du wirst dich folglich weiter mit Männern einlassen, die nicht gut für dich sind, weil du glaubst, du kannst es nicht besser.

Anstatt deine Geschichte einer Gruppe von Mit-Leidenden zu erzählen, schlage ich vor, du erzählst sie, bis ins kleinste Detail, (1) auf einer Riesentafel mit Blick auf die Wohnung deines Ex oder (2) indem du sie aus Leibeskräften hinausbrüllst, während du vor der Wohnung der neuen Freundin deines Ex stehst. Ich garantiere dir, danach geht's dir viel, viel besser.

SELBSTHILFEÜBUNG NR. 4: »Machen Sie einen Wochenplan.« Sinn: Die Einrichtung und Einhaltung einer Routine tröstet dich und verhindert, daß du die Energie, die du nach einer Trennung dringend nötig hast, auf belanglose Entscheidungen verschwendest.

Mir wurde folgendes von verschiedenen Frauen als Nach-Trennungs-Routine empfohlen: (1) Heulen. (2) Essen. (3) Schlafen. (4) Essen. (5) Sich selbst runterputzen. (6) Heulen. (7) Schlafen. (8) Sich fett fühlen. (9) Essen. (10) Schritt 1-9 wiederholen.

SELBSTHILFEÜBUNG NR. 5: »Etablieren Sie ein wöchentliches Ritual.« »Erfinden Sie ein wöchentliches Ritual, das Ihre Fortschritte belohnt. Es kann etwas ganz Einfaches sein, zum Beispiel sich samstags morgens einen frischen Obstsalat zuzubereiten, sonntags nachts den Himmel zu betrachten, sich etwas zu wünschen oder eine Kerze anzuzünden.« Mein Gegenvorschlag: Jede Woche einem/r anderen Ratgeberautor/in einen bösen Brief schreiben.

SELBSTHILFEÜBUNG NR. 6:
»Schicken Sie Ihren persönlichen Kritiker in den Urlaub.«
Kaum hatte ich diesen Vor-
schlag gelesen, rief ich meine Mutter an und fragte sie,
ob sie nicht gern mal al-
lein auf die Bahamas fliegen
wollte. Dann fiel bei mir der
Groschen: Das Buch hatte
meinen *inneren* Kritiker gemeint. Wie dumm von
mir.

SELBSTHILFEÜBUNG NR. 7:
»Lernen Sie etwas mit Ih-
ren eigenen Händen herzu-
stellen.« »Nach einer Trennung werden Sie sehr viel

»Nach unserer Tren-
nung hab' ich ein
Voodooritual ver-
anstaltet und dabei
das *Krieg-der-Sterne*-
Figürchen, das er mir
mal geschenkt hat,
verwendet. Ich habe
es auf der Mitte des
Tisches plaziert, es
mit zwei verschiede-
nen Arten von Räu-
cherkerzen umgeben
und dann gebetet.«
Lis, New York

Zeit für sich selbst übrig haben. Das ist eine wunderbare Gelegenheit, etwas zu basteln, woran Sie schon mal gedacht haben, aber nie dazu gekommen sind, es auch zu lernen.«
Super. Womit soll ich anfangen – einer Schlinge oder einer
Briefbombe?

SELBSTHILFEÜBUNG NR. 8: »Verfassen Sie eine Verlustanzeige.«
»Wenn Sie eine Anzeige in der ›Fundgrube‹ Ihrer lokalen Zeitung aufgeben wollten, was würden Sie über Ihre Verluste
schreiben? Zum Beispiel: ›Verloren: Glaube an Menschen.
Glaube an Gerechtigkeit. Am Freitag, 7. März. Finder bitte
melden bei …‹«
Noch besser: Setz eine Kleinanzeige in die Wochenendausgabe einer überregionalen Zeitung. Zum Beispiel: »Verloren:
_____ *(Name deines Ex)*. Weinte bei *Kose-*

namen. Macht mit Vorliebe blau an seinem Arbeitsplatz bei
_____ *(Name der Firma).* Betrog mich mit Verlobter seines besten Freundes; bester Freund weiß immer
noch nichts. Finder bitte nicht melden. Bin glücklicher ohne
ihn.«

SELBSTHILFEÜBUNG NR. 9: »GÖNNEN SIE SICH EINE PAUSE.« »Viele
Menschen fühlen sich überfordert, wenn ihre Zeit und Reser-
ven gerade dann in Anspruch genommen werden, wenn sie
von beiden für die Vergebungsarbeit mehr brauchen. Schreiben Sie in dieser Übung alle Anforderungen auf, die Ihrem
Heilungsprozeß abträglich sind.« (Meine Antwort: Diesen
Ratgeber lesen und diese dämliche Liste erstellen.)

»Schreiben Sie in eine korrespondierende Liste alles, was Sie von diesen Anforderungen entlasten könnte.« (Diesen Ratgeber wegwerfen.)

SELBSTHILFEÜBUNG NR. 10: »FOTO BESCHULDIGEN.« »Suchen Sie sich ein Foto des Menschen heraus, der Ihnen weh getan hat. Sagen Sie dem Foto – an einem Ort, wo es Ihnen nicht unangenehm ist, mit einem Bild zu sprechen –, daß Sie glauben, er habe Ihnen mit Absicht weh getan. Sagen Sie ihm, wie wütend Sie sind. Erklären Sie genau, was die Person Ihnen angetan hat. Sagen Sie: ›Du bist

> »Mein Ex war Schreiner und hat in meiner Wohnung eine Menge renoviert. Das dumme war, er hat die matten Wände mit Hochglanzlack angestrichen. Da wurde mir zum ersten Mal klar, daß ich es mit einem Vollidioten zu tun hatte. Nachdem er verschwunden war, hab' ich als erstes die gesamte Wohnung neu streichen lassen.«
> PETRA, LOS ANGELES

schuld. Ich habe das nicht verdient.‹ Wie haben Sie sich danach gefühlt?« (Wie ein Trottel.)

SELBSTHILFEÜBUNG NR. 11: »Schreiben Sie einen kurzen Abriß Ihrer Beziehung.« »Hier sind einige Fragen zum Einstieg. Nummer eins: Welche waren die bedeutendsten positiven Erfahrungen in Ihrer Beziehung?« (Der Tag, an dem wir Schluß gemacht haben.) »Nummer zwei: Was hat jeder von Ihnen getan, damit die Beziehung funktionierte?« (Ich alles; er nichts.) »Nummer drei: In welcher Hinsicht hat diese Beziehung Ihr Leben bereichert?« (Ich habe durch sie Tempos plus Aloe wirklich schätzengelernt.) »Nummer vier: Was hat diese Beziehung Sie über Beziehungen im allgemeinen gelehrt?« (Sie sind alle zum Kotzen.)

SELBSTHILFEÜBUNG NR. 12: »Vergegenwärtigung.« »Holen Sie tief Luft. Füllen Sie jetzt Ihren Körper langsam mit Licht. Spüren Sie, wie jede Zelle und jede Pore und jeder Knochen allmählich auf das Licht reagiert. Gestatten Sie Ihrem Körper, das Licht zu *werden*.«
Gestatte dir, zum Klo zu rennen und dich zu übergeben, weil diese Übung ein Brechmittel ist. (*Anmerkung:* Ein Buch hat allen Ernstes eine *Müllschlucker-Vergegenwärtigungsübung* empfohlen, bei der du dir vergegenwärtigst, wie die unliebsamen Teile von dir deinen Körper verlassen und von einem riesigen, häßlichen Müllschlucker verschlungen werden. Als ich das probierte, sah ich im Geiste immer nur, wie ich den Leichnam meines Ex wegwarf. Eigentlich war das recht effektiv.)

SELBSTHILFEÜBUNG NR. 13: »Die Ballonübung.« »Machen Sie eine Liste von all den Dingen, die die Person, die Ihnen weh getan hat, Ihnen Ihrer Meinung nach noch schuldet. Kaufen Sie ein paar heliumgefüllte Luftballons. Schreiben Sie die Punkte Ihrer Liste mit einem Marker auf jeden Ballon. Wenn es eine bestimmte Stelle gibt, die Sie an diese Person erinnert, gehen Sie mit Ihren Ballons dorthin. Stellen Sie sich vor, die Ballons mit den Schulden wären die letzten verbliebenen Verbindungen, die Sie zu dieser Person haben. Wenn Sie bereit sind, lassen Sie die Ballons einen nach dem anderen los.«

Diese Übung ist umweltschädigend, weil die Ballons meist irgendwo im Wasser landen, wo nichtsahnende Tiere an ihnen ersticken. Eine bessere Ballonübung: Mach eine Liste all der offenen Schulden, die die Person, die dir weh getan hat, deiner Meinung nach noch bei dir hat. Kauf dir einen bunten Luftballon. Steck die Liste hinein. Geh auf das Dach des Hauses, in dem dein Ex wohnt. Füll den Ballon mit Wasser. Wenn dein Ex rauskommt, laß den Ballon auf seinen Kopf fallen.

Gut, jetzt, nachdem ich mit psychologischen Ratgebern so hart ins Gericht gegangen bin, sollte ich vielleicht sagen, daß einige ihrer Ratschläge *doch* ganz hilfreich sind.

Bejahungen mag ich zum Beispiel wirklich – diese positiven Statements, die dir dabei helfen, ein besseres Selbstgefühl zu entwickeln. Am wirksamsten sind solche Aussagen, wenn du sie so formulierst, als wären sie bereits wahr. (»Ich würde mich großartig fühlen, wenn meinem Ex der Penis abfiele« gegenüber: »Meinem Ex ist der Penis abgefallen, und ich fühle mich großartig.«)

Hier sind ein paar weitere positive Nach-Trennungs-Statements zum Ausprobieren:

✗ »Ich bin glücklich ohne meinen Ex.«
✗ »Ich bin anziehend, klug und gesund.«
✗ »Ich gehe mit dem gesamten Footballteam von Dallas.«
✗ »Das gesamte Footballteam von Dallas marschiert meinem Ex übers Gesicht.«

Mir gefällt auch die Strategie zur Bewältigung von Problemen, die man »Distanzierung und Dehumanisierung« nennt, obwohl ich nicht mehr weiß, ob die psychologischen Ratgeber dafür oder dagegen waren. Jedenfalls stumpft man seine Gefühle bei dieser Taktik dadurch ab, daß man seinen Ex als den Feind betrachtet. Am einfachsten geschieht das durch die »Umbenennung deines Ex«. Teil all deinen Freunden mit, daß dein Ex von nun an »Der Idiot« oder einfach »Arsch« heißt. Oder etwas ganz Spezifisches und Ekliges wie »Das Schwein mit den langen schwarzen Fußnägeln« oder »Affenrücken«.

Experten zufolge sollen herabwürdigende Betitelungen wie diese mit der Zeit bewirken, daß du deinen Ex als etwas »geringer als Menschliches« betrachtest (das ist die Dehumanisierung), wonach er dir gleichgültig werden wird (das ist die Distanzierung). Wenn das eintritt, bist du über deinen Ex hinweg.

Ganz besonders ans Herz gewachsen ist mir die beliebte Nach-Trennungs-Empfehlung, »deinem Ex einen Brief zu schreiben«. Das wirkt läuternd, ob du ihn abschickst oder nicht, denn dadurch, daß du deine Gefühle zu Papier bringst, siehst du die Dinge objektiver. Es gibt nur einen Einwand: Die Niederschrift der Verfehlungen deines Ex frischt sie in deiner Erinnerung wieder auf; und das kann die Flammen deiner Wut weiter anfachen. Es ist deshalb vielleicht weiser, ein paar Monate abzuwarten, ehe du den Wicht abschießt, äh, den Wisch abschickst.

So sähe beispielsweise der Brief aus, den du unmittelbar nach der Trennung schreiben würdest:

Lieber Ex:
ICH HASSE DICH! VERRECKE! VERRECKE, DU MIESER DRECKSACK!

Und jetzt der Brief, den du sechs Monate später schreiben würdest:

Lieber Ex,

In den Monaten seit unserer Trennung habe ich mich weit genug beruhigt, um einzusehen, daß nicht alles deine Schuld war. Schön, du hast meinen Wagen zu Schrott gefahren, die Miete nicht bezahlt und mich mit einer Telefonrechnung über DM 1500,- für deine Sextelefonate sitzenlassen. Mir ist jetzt klar, daß ich für das Geschehene mitverantwortlich bin. Dadurch, daß ich dich nicht sofort mit einem Arschtritt aus meiner Wohnung und aus meinem Leben befördert habe, habe ich dein Verhalten stillschweigend gutgeheißen. Ich glaube, ich habe das getan, weil ich dich so gesehen habe, wie ich dich sehen wollte (nämlich als normalen Menschen), anstatt dich so zu sehen, wie du in Wirklichkeit bist (nämlich ein schleimiger Blutegel mit buchstäblich null Vorzügen). Zum Abschluß möchte ich noch sagen, daß ich dir vergebe, dir ein glückliches Leben wünsche, und solltest du jemals wieder Kontakt mit mir aufnehmen, ruf' ich die Bullen.

Na, seht ihr den Unterschied?

Tips: ☛ Mach keine Fotokopie von dem Brief. Wenn du dich nicht an den genauen Wortlaut erinnerst, kannst du später kein schlechtes Gewissen deswegen haben. ☛ Wenn du meinst, du solltest wenigstens *so tun*, als würdest du dich entschuldigen, dann benutze die unsterblichen Worte des Senators Bob Packwood, der, nachdem er bezichtigt wurde, mindestens ein Dutzend Frauen im Lauf seiner Amtszeit als Kongreßmitglied sexuell belästigt zu haben, sagte: »Ich entschuldige mich für das Verhalten, von dem behauptet wurde, daß ich es getan habe.«

Es ist durchaus möglich, daß es zu diesem Zeitpunkt deine armen Nerven überfordert, einen Brief an deinen Ex zu verfassen. Für alle Fälle habe ich ein Nach-Trennungs-Formblatt entworfen, das dich davor bewahren soll, hysterisch zu werden und böse Dinge zu sagen, die du bereuen könntest. Um es zu benutzen, brauchst du lediglich das Zutreffende anzukreuzen und es an deinen Ex abzuschicken.

Lieber _____: *(Ex' Name einsetzen)*
Du bist mir zu __unreif __egozentrisch __aufgeblasen. Du erweckst in mir den Wunsch __eine Nonne zu werden __lesbisch zu werden __mich zu übergeben. Ich __habe mich verändert __habe alle Schlösser ausgewechselt __bin von jemand anderem schwanger, aber ich weiß nicht genau, von wem. Ich kann nicht ausstehen, wie du __deine Fußnägel kaust __dein Essen salzt __Mr. Ed (dem Pferd) gleichst, wenn du lachst.

Unsere Beziehung war __wie etwas aus *Twilight Zone – Unheimliche Geschichten* __wie etwas aus *Freitag, der 13.* __ein Fehler von globaler Dimension. Ich hatte das Gefühl, ich schlafe mit __meinem Vater __Max Schmeling __Wenn ich's mir genau überlege, wäre Max Schmeling im Bett bestimmt besser. Ich wünschte, du würdest __mich in Ruhe lassen __das Land verlassen __das Polkatanzen den Profis überlassen.

Ich hoffe, du überwindest deine krankhafte Obsession mit __deinem drastischen Haarausfall __deinen Leistenpolstern __deinen Popickeln. Mir tut __deine Mutter leid __deine nächste Freundin leid __es richtig gut, daß ich kein Interesse mehr für deine Bierdosensammlung heucheln muß.
Viele Grüße, _____ *(deinen Namen einsetzen)*

PS Ich hasse auch deinen __Kater __besten Freund __Bruder.
PPS Die/der _____ *(Name seines Lieblingssportvereins einsetzen)* ist echt zum Kotzen.

Solltest du einen plötzlichen Anfall von Gewissensbissen nach dem Abschicken dieses Briefes haben, dann denk daran, daß Haßbriefe keine Erfindung neueren Datums sind. Vor einigen

Jahren haben Archäologen einen auf Birkenrinde geschriebe-
nen Brief aus der Zeit um 1100 gefunden. In dem Brief (der in
drei Stücke zerrissen war) schreibt eine Frau: »Welches Übel
werft Ihr mir vor? Selbst wenn ich Euch gedankenlos kränkte –
falls Ihr meiner trotzet, möge Gott Euch richten.«
Der Brief war unterschrieben mit »Shirley MacLaine«. (Ha ha)

Zusammenfassend möchte ich wiederholen, daß die Verwen-
dung von psychologischen Ratgebern zur Selbstanalyse nach
einer Trennung sehr riskant sein kann. Solltest du jedoch das
Gefühl haben, ein solches Buch zu Rate ziehen zu *müssen*,
dann machst du es am besten, wie eine sehr weise Frau es getan hat: »Ich habe mir *Smart Women, Foolish Choices*★ (kluge
Frauen, dumme Partnerwahl) gekauft und alle Stellen unterstrichen, die meinen Ex treffend beschreiben. Dann habe ich
das Buch meinem Ex geschickt. Ich habe mich danach *verdammt* viel besser gefühlt.«

★ Ob eine »weise Frau« zu dem deutschen Titel *Was Männer wollen. Warum sie
gehen, weshalb sie bleiben* gegriffen hätte, ist fraglich. (A.d.Ü.)

9
Anmerkungen über Krempel

IRGENDWANN nach einer Trennung wirst du dich wohl oder übel mit dem Problem von Krempel auseinandersetzen müssen. Mit »Krempel« meine ich all den Müll, der als konkrete Erinnerung an deinen Ex zurückgeblieben ist – das Strandgut deiner Beziehung.

Nach-Trennungs-Krempel hat vielerlei Gestalt, darunter:

✗ der Kram, den er bei dir zurückgelassen hat, weil er ihn entweder vergessen hat oder keine Zeit mehr hatte, ihn zu schnappen, bevor du ihn rausgeschmissen hast,
✗ der Kram, den du bei ihm zurückgelassen hast (dito),
✗ alle Geschenke, die er dir im Lauf eurer Beziehung gekauft hat, vom designerähnlichen Parfum bis zu den Faux-Brillant-Ohrringen,
✗ jede gemeinsame Anschaffung, die ihr eventuell gemacht habt (der Liegesessel, die Stereoanlage, die »Kroko-noppigen, grün und poppigen« Kondome),
✗ die Papierspuren der Liebe: Briefe, abgerissene Eintrittskarten, Tagebucheinträge, Fotos, die Quittung, die sie dir gegeben haben, als du die Kaution für ihn bezahlt hast, usw.

Jede Art von Nach-Trennungs-Krempel muß unterschiedlich behandelt werden, je nachdem, was du dabei empfindest. Manche Sachen gibst du deinem Ex vielleicht zurück. Manche wirfst du weg. Auf manchen wirst du so lange herum-

> »In seinem Aktenschrank im Büro hatte er einen
> Ordner mit der Aufschrift ›Nancy‹, in dem er all die
> Fotos, Ansichtskarten und Briefe aufbewahrte, die
> ich ihm geschickt hatte. Als ich wußte, daß es vorbei
> war, ging ich in sein Büro und versuchte, den Ord-
> ner mitzunehmen. Es gab ein Mordsgerangel; er hat
> gewonnen. Wahrscheinlich blättert seine neue
> Freundin just in diesem Moment durch das Ding.«
> NANCY, NEW YORK

trampeln, bis sie eine Art Pampe bilden. Und manches behältst
du am Ende, entweder weil es besonders schöne Erinnerungen wachruft, oder weil du es später mal für eine Erpressung
gebrauchen könntest.

Der Umgang mit Beziehungsmüll kann sich als ziemlich
tückisch erweisen. Packst du es zu früh an – oder zu hastig –,
wirst du es ewig bereuen. Schiebst du es auf die lange Bank,
wird das Zeug in Stephen-King-Manier reagieren: Es wird zu
einer riesigen, blubbernden Glitschmasse verschmelzen, sich
an deinem Hirn festsaugen und dich in eine sabbernde Krea-
tur verwandeln, die unfähig ist, mit anderen Humanoiden
in irgendeine sinnvolle Interaktion zu treten. Dies ist keine
Übertreibung.

Jetzt, wo du weißt, daß Krempel eine ziemlich ernste Angele-
genheit sein kann, wirst du sicher erleichtert sein, wenn ich dir
sage, daß ich eine Menge Ratschläge zum Thema parat habe –
Ratschläge, die auf den vielen wahren Geschichten fußen, die
Frauen mir über Krempel erzählt haben.

Verlaß dich drauf: Dieses Zeug taugt was.

Früher oder später wirst du garantiert irgend etwas finden, das deinem Ex gehört hat, selbst wenn du am Tag nach der Trennung den lobenswerten Versuch unternimmst, dich aller Andenken an den Scheißkerl zu entledigen, indem du das Haus auf den Kopf stellst. Es ist eine unangenehme Nach-Trennungs-Wahrheit, daß mindestens ein Relikt deines Ex irgendwie seinen Weg in einen entlegenen Schlupfwinkel findet, wo es in Wartestellung lauert, bis es dich genau dann anspringen kann, wenn du am wenigsten damit rechnest. Während du arglos unter der Spüle nach einer Ersatzglühbirne suchst, wird plötzlich ein Golftee deines Ex unter der Wollmaus, die es als Tarnung benutzt hatte, herausrutschen und in dein Blickfeld rollen, worauf du »Aiiee!« kreischend aus dem Haus stürzen wirst, als hätte dich soeben ein Schwarm von Killerbienen angefallen.

Dies haben wir alles dem Gesetz von Bewegung und Erregung zu verdanken, welches – wie sich diejenigen von euch, die Physik hatten, erinnern werden – besagt:

Ein Körper bleibt mit konstanter Geschwindigkeit konstant in Bewegung, es sei denn, du wirfst ihn deinem Ex an den Kopf und er (der Körper natürlich) landet unter dem Sofa, worauf er in Vergessenheit gerät, bis, Monate nach der Tren-

> »Mein Verlobter hat direkt vor der Hochzeit mit mir Schluß gemacht. Wir haben einen Riesenwirbel in einem großen Haushaltswarengeschäft verursacht. Er wollte eine Gutschrift über sämtliche Geschenke, die seine Familie gekauft hatte; ich sagte, kommt nicht in Frage.«
> Trish, Austin

nung, besagte Couch unter großem Kraftaufwand deinerseits verrückt wird und besagter Körper freigelegt wird, worauf du mit erhöhter Geschwindigkeit in deiner Wohnung herumrennst und dabei die Arme in gleichbleibende, aber entgegengesetzte Richtungen schwenkst, was deine Nachbarn veranlassen wird, die 110 zu wählen.

Du denkst wahrscheinlich, *dir* würde es nichts ausmachen, über das Golftee deines Ex (oder irgendeinen anderen Gegenstand, den er besessen oder berührt hat) zu stolpern, stimmt's? Du würdest es nicht in dein Sammelalbum oder unter dein Kopfkissen oder in deinen Setzkasten tun, stimmt's? Du würdest es einfach wegwerfen, stimmt's? *Stimmt's?!?*
Wenn du ohne zu zögern mit »Stimmt!« geantwortet hast, herzlichen Glückwunsch: Du bist eine Lügnerin erster Güte. Versuch es gar nicht erst abzustreiten. Vergiß nicht: *Wir leben in den Neunzigern, und in den Neunzigern ist unsere Beziehung zu materiellen Dingen besser als unsere Beziehung zu Menschen.* Hier sind ein paar wahre Schauergeschichten zur Illustration:

✘ Eine Frau hebt absichtlich ein paar Kleiderstücke ihres Ex auf, um »daran riechen« zu können. (Ich nehme an, sie spricht hier nicht von Unterwäsche.)

✘ Nach einer größeren Trennung lief eine andere Frau zwei ganze Tage lang in ihrer Wohnung herum und *hielt den Teller, den ihr Ex ihr geschenkt hatte, fest umklammert.* »Es war ein handgearbeiteter chinesischer Teller«, lautete die faule Ausrede dieser Frau.

✘ Der Ex einer Frau ließ zahlreiche Sachen zurück – Möbel, Platten, seinen kostbaren, von seiner Lieblingsmannschaft signierten Baseball – und *benutzte sie als Vorwand, alle paar Wochen vorbeizukommen oder anzurufen.* »Wir haben vor fast zwei Jahren Schluß gemacht, und er ruft mich *immer* noch wegen dieses verdammten Baseballs an«, sagt sie.

✘ Eine Frau behielt die Gewürze ihres Ex. »Wir haben uns vor

sieben Jahren getrennt, und ich hab' heut noch seine Worce-
stershiresoße. Da hängen tolle Erinnerungen dran.«

✘ Eine andere Frau behielt das Federkissen ihres Freundes »aus
reiner Bosheit«, weil es seiner Großmutter gehört hatte.

✘ Und eine Frau erzählte folgende Geschichte: »Mein Ex
machte eine Liste von sämtlichen Dingen, die er bei mir
zurückgelassen hatte. Meine Schwester und ich konnten es
nicht *fassen*. Er erinnerte sich an alles – sogar seine Ersatz-
rasierklingen. Wenn er sich in meiner Wohnung am Tag zuvor die Nasenhärchen geschnitten hätte, hätte er auch die
zurückgewollt. Es ging ihm gar nicht um den Krempel; er
wollte nur gemein sein. Also hab' ich ein paar Sachen von
ihm behalten, nur um ihm eins auszuwischen.«

Wie diese Beispiele zeigen, kann Nach-Trennungs-Krempel
zwei wichtige Aufgaben erfüllen:

1. Du kannst ihn benutzen, um mit den Gefühlen und Reaktionen deines Ex Schindluder zu treiben.
2. Du kannst dich zwanghaft an ihn klammern und so tun, als
   wärst du, solange du ihn hast, mit deinem Ex noch auf irgendeine romantische Weise verbunden.

Das dumme an diesen Taktiken ist nur (abgesehen davon, daß
sie höchst ungesund sind), daß in vielen Fällen *dein Ex sie auch
anwenden kann.* Und das führt uns zu …

Zeug von dir, das noch bei ihm rumsteht

Wenn du irgend etwas bei deinem Ex gelassen hast, wirst du
plötzlich feststellen, daß der Hase jetzt andersrum läuft. Daraus
lassen sich viele unangenehme Szenarien ableiten:

✗ Wenn er Schluß gemacht hat, rufst du ihn dreimal am Tag an, vorgeblich, um deinen Krempel zurückzukriegen, in *Wahrheit* aber, um deinen Ex zurückzukriegen. »Hallo, ich bin's«, sagst du. »Du, ich glaub', du hast meinen Pulli noch. Kann ich ihn zurückhaben?« Und dein Ex erwidert: »Klar.« Diese positive Antwort interpretierst du dahin gehend, daß er immer noch Gefühle für dich hat, und plötzlich platzt du heraus: *»Ich will gar nicht den Pulli! Ich will dich!«* Dann fängst du an zu heulen, worauf sich dein Ex so schuldig fühlen wird, daß er den Pulli behält, statt ihn seiner Schwester zu geben, was *dir* erneut Gelegenheit geben wird, wegen des Pullis anzurufen usw. Das geht etwa fünf Jahre so weiter.

✗ Wenn du Schluß gemacht hast und dein Ex noch immer verrückt nach dir ist, ruft er dreimal am Tag an und belabert dich etwa so: »Ich hab' deinen Pulli. Genaugenommen fass' ich ihn in diesem Moment an. Mmm … er ist so weich. Ich muß immer dran denken, wie toll du darin ausgesehen hast. Mmm …« Und du bist gezwungen, angewidert den Hörer aufzuknallen.

✗ Wenn du Schluß gemacht hast und er dich jetzt haßt wie die Pest, nimmt er deinen Krempel als Anlaß, dich dreimal am Tag anzurufen, um dich mit Häme zu überschütten. Ich habe zum Beispiel einmal den Fehler begangen, mein Klimagerät über Winter bei meinem Freund unterzustellen. Als ich im folgenden Frühling mit ihm Schluß machte, hatte ich das Gerät völlig vergessen. Da fühlte ich mich also stark, überzeugt, die richtige Entscheidung getroffen zu haben, als plötzlich das Telefon klingelt und mein Ex sagt: »He, ich wollt' dir nur Bescheid sagen, daß ich deinen Air-conditioner noch habe, und du kriegst ihn nicht zurück! Ätsch, das hast du davon!« Und sofort fühlte ich mich *total beschissen*. »Du Vollidiot!« sagte ich zu mir selbst und schlug mir mit der flachen Hand gegen die Stirn. »Konntest du nicht mit ihm Schluß machen, *nachdem* du das Ding zurückhattest?!«

Anmerkung: Ich habe nicht lange gebraucht, um über diesen speziellen Ex hinwegzukommen, aber ich habe verdammt lange gebraucht, um über den Verlust meines Air-conditioners hinwegzukommen. Besonders da der folgende Sommer der heißeste in der Geschichte New Yorks war.

Und glaub nur nicht, daß du dich bloß in die *teuren* Sachen verbohrst, die du bei deinem Ex zurückgelassen hast. Du wirst von ganz banalen Dingen ebenso besessen sein. Ich habe einmal Zustände gekriegt, weil einer meiner Verflossenen die nagelneue 12-Mark-Flasche Aloe-Vera-Gel, die ich ihm geliehen hatte, behielt, sogar nachdem ich um ihre Rückgabe gebeten hatte.

Wäre das Gel aus meiner Handtasche gefallen und in den Gully gerollt, hätte es mir gestohlen bleiben können, aber da mein Ex es hatte, wollte ich es, wie ich nie zuvor irgend etwas gewollt hatte. Eine höchst irrationale Bindung an dieses Gel baute sich in mir auf. Ich wurde vom Verlangen danach verzehrt. Es war mein kostbarster Besitz, *und mein Ex hatte es.*

Es ist sonnenklar, daß nicht die Aloe Vera an mir nagte. Es war vielmehr die Tatsache, daß mein Ex mir weh getan und mich aufgeregt hatte und meine 12 Mark futsch waren. Dieser abschließende Affront war einfach zuviel. Es ist mir peinlich, aber ich muß gestehen, daß ich auf dem Höhepunkt meiner Aloe-Hysterie sogar erwogen habe, eine Bagatellklage gegen meinen Ex anzustrengen. Zum Glück verflüchtigte sich die Wirkung des Tequila, bevor ich diesen Plan ausführen konnte, und mir wurde bewußt, daß es (1) grotesk war, ich (2) gezwungen wäre, die blöde Visage meines Ex wiederzusehen, und es daher (3) überhaupt nicht der Mühe wert war.

Außerdem hatte ich keine Quittung für das Gel und hätte somit nicht ohne berechtigten Zweifel beweisen können, daß es wirklich meines war.

Solltest du ein psychisch gesunder Mensch sein und keine Probleme damit haben, deinem Ex all seinen Krempel zurückzugeben, wirst du ein TZKR bzw. Treffen zwecks Krempelrückgabe arrangieren müssen. Dieses besteht darin, daß du das Zeug deines Ex in eine Kiste packst und diese zu einer verabredeten Zeit an einen vereinbarten neutralen Ort bringst, wo er mit einer Kiste von *deinem* Kram erscheint. Wenn alles gutgeht, macht ihr einen schnellen, schmerzlosen Tausch und fahrt dann beide eurem jeweiligen Sonnenuntergang entgegen.

Das einzige Problem mit einem TZKR ist, daß es – egal, wie einvernehmlich ihr euch getrennt habt – nie gutgeht. Manchmal vergißt er (oder du), etwas *wirklich Wichtiges* in besagte Kiste zu tun, worauf er (oder du) als »gemeiner Dieb« beschimpft wird. Manchmal könnt ihr euch nicht auf einen neutralen Ort einigen, so daß ihr euch letztlich an einem höchst unneutralen Ort trefft wie zum Beispiel in dem romantischen Restaurant, wo ihr es zum ersten Mal miteinander getrieben habt. Manchmal wird dein bloßer Anblick ihn zu der Frage verleiten: »Hast du nach mir mit jemand anderem geschlafen?«, was du (wenn du auch nur im entferntesten auf meinen Rat gehört hast) bejahen wirst, worauf es zu einem häßlichen Auftritt kommen wird.

Das häufigste Szenarium ist jedoch folgendes: Du machst ein TZKR aus, kommst zur verabredeten Zeit zum vereinbarten Treffpunkt und wartest auf das Erscheinen deines Ex. Stunden vergehen. Bald denkst du, du hast dich mit der Zeit vertan oder mit dem Tag oder mit dem Ort. Du machst dir Sorgen, dein Ex könnte denken, du hättest das absichtlich getan, und bist so erpicht darauf zu beweisen, daß du *so was nicht nötig hast*, daß du sein Zeug wieder nach Hause schleppst und ihn anrufst. Worauf du erfahren wirst, daß er vor zwei Tagen auf die Bahamas geflogen ist und überhaupt nie vorhatte, sich mit dir zu treffen.

Wenn dich dein Ex mit der TZKR-Chose hinhält, dann schreib deinen Krempel einfach ab und gib ihm sein Zeug zurück. Es bleibt eine der größten Ironien des Lebens, daß *du jemanden, der dich manipulieren will, am besten manipulieren kannst, wenn du das aufgibst, womit auch immer er dich zu manipulieren versucht.*

Es ist natürlich möglich, daß du einen ganz gerissenen Ex hast, einen, der weiß: Wenn du nobel genug bist, ihm dein Zeug zu überlassen, dann wirst du total ausrasten, wenn du ihm *sein* Zeug nicht zurückgeben kannst. Der gewiefte Ex weiß, daß der Krempel, den er bei dir gelassen hat, sich bald wie Poes verräterisches Herz verhalten wird: Er wird ein Eigenleben führen. Jedesmal, wenn du ihn ansiehst, wird dich ein jähes Schuldgefühl befallen, denn er ist der sichtbare Beweis dafür, daß du nicht das Richtige getan hast. Schon bald wird der Krempel beginnen zu pulsieren und zu pochen, ein grauenvolles Geräusch – duDUMM – ohne Unterlaß – duDUMM – Tag und Nacht – duDUMM. Mit der Zeit wird dich dieses Geräusch in den Wahnsinn treiben.

Du könntest all dies selbstverständlich umgehen, indem du seinen Krempel einfach wegwirfst, doch dann kriegst du ein *noch* schlechteres Gewissen, denn im Zeitalter der Müllreduzierung und Wiederverwertung ist das Wegwerfen von Sachen, die noch völlig in Ordnung sind, geradezu eine *Blasphemie*.

Probier mal statt dessen folgende Taktiken, die mir von verschiedenen Frauen, die sie angewandt haben, wärmstens empfohlen wurden:

✘ Teil deinem Ex mit, wenn er sein Gerümpel nicht so bald wie möglich abholen kommt, wird es auf die Straße gestellt, wo es ihm – oder irgendwelchen Passanten – zur freien Verfügung steht.

✘ Schick den Kram mit UPS zu ihm ins Büro.

✘ Verschenk das Zeug. Eine Frau schenkte ihrem Bruder den Armani-Schlips ihres Ex zu Weihnachten. Eine andere behielt die Boxershorts ihres Ex und schenkte sie ihrem näch-

sten Freund. »Es war meine Art zu sagen: ›Ha! Ich hab'
jemanden gefunden, der deine Shorts ausfüllen kann!‹« sagt
sie.

Bisweilen verhindern jedoch mildernde Umstände, daß man
den Krempel seines Ex los wird. Diese Stelle scheint mir
geeignet, euch die beste (oder schlimmste, je nachdem) Geschichte über Nach-Trennungs-Krempel zu erzählen, die ich
je gehört habe. Sie stammt von einer Frau, die anfänglich be-
teuerte, keinen solchen Krempel zu haben. Natürlich war ich
skeptisch. Das darauf folgende Gespräch verlief etwa so:

ICH: Du bist *sicher*, daß du absolut nichts im Haus hast, was dich
an deinen Ex erinnert? Nichts, was er dir geschenkt hat?
SIE: Er hat mir nie etwas geschenkt.
ICH: Keine Ansichtskarten? Keine Briefe? Keine Fotos?
SIE: Nein. Na ja, da ist eine Sache, aber ich weiß nicht, ob das
als »Krempel« gilt, wie du es meinst.
ICH: Aha! Ich hab's gewußt! Was ist es?
SIE: Also … ich hab' meinen Ex.
ICH: Was?
SIE: Seine Asche.
ICH: *Was?*
SIE: In einer Urne. Auf meinem Kaminsims.
ICH: *Was?!*

Wie sich herausstellte, hatte sie einmal eine zweiwöchige Affäre mit einem Typen. Einige Monate nachdem sie mit ihm
Schluß gemacht hatte, starb er bei einem Motorradunfall. Sie
mußte sich um die Bestattungsmodalitäten kümmern, weil
sein Bruder − sein einziger lebender Verwandter − Tausende
von Kilometern entfernt wohnte und die Sache nicht regeln
konnte. Sie ließ also ihren Ex verbrennen, wie es sein Wunsch
gewesen war, und rief dann seinen Bruder an, um zu erfahren,
wann er die Asche abholen wollte.

»Ich kann im Augenblick nicht, weil ich gerade umziehe«, sagte er ihr. »Kannst du sie eine Weile behalten? Ich ruf' dich an, sobald ich mich eingerichtet habe.«

»Das war vor zwei Jahren«, sagt sie. »Ich hab' die Asche immer noch, weil ich nicht weiß, was ich damit machen soll. Das deprimiert mich ganz schön. Ich hab' mich, seitdem das passiert ist, mit niemandem mehr eingelassen, und manchmal glaub' ich, daß der Geist meines Ex mir die Tour vermasselt.«

Ich war einen Moment lang überwältigt von der makabren Vision eines Ex, der die Hand aus dem Grab streckt, um potentielle Freier zu verscheuchen. Glücklicherweise habe ich mich rechtzeitig erholt, um der Frau sagen zu können, was sie tun sollte, nämlich ihre Beine (nebst Urne) unter den Arm zu nehmen, sich zum Lieblingsaufenthaltsort ihres Ex zu begeben – sei es das Meer, die örtliche Nacktbar oder das Badezimmer-WC – und die Asche unverzüglich zu entsorgen.

»Nicht verstreuen, *auskippen*«, sagte ich. »Und dann mach, daß du da fortkommst.« Ich weiß nicht, ob sie den Rat angenommen hat.

Nur ein sehr kranker Mensch könnte an dieser Geschichte irgend etwas Lustiges finden, also seid versichert, ich bin dieser Mensch. Jedenfalls ist mir der Gedanke gekommen, daß diese Story einen tollen Horrorfilm abgeben würde: Frau hat Affäre mit Mann. Mann stirbt. Frau bewahrt Asche in Urne auf Kaminsims auf. Frau hat Affäre mit anderem Mann. Küßt ihn vor Urne. Urne beginnt zu beben, fliegt dann quer durchs Zimmer und trifft neuen Galan tödlich am Kopf. Neue Urne erscheint auf Kaminsims. Und so weiter und so fort, bis Frau schließlich mit Exorzist anbändelt, der gefangene Geister aller Exe befreit. Der Film endet damit, daß sich die Ex-Geister mit erhobener Rechter abklatschen und sich zum nächsten Spielplatz aufmachen, wo sie ein unsichtbares Baseballspiel improvisieren.

Während ich über die Feinheiten des Drehbuchs grübelte und

im Geiste meine Dankrede für die Oscarverleihung verfaßte, fiel mir plötzlich ein Artikel ein, den ich aus der Tageszeitung von Dallas ausgeschnitten hatte. Der Artikel hatte die Überschrift: »Schwerer Abschied von Fido? Gefriertrocknen Sie ihn« und handelte von einer Firma in Colorado Springs, die tote Tiere durch Gefriertrocknung in »lebensechten« Posen erstarren läßt, damit sie ihren Besitzern für alle Ewigkeit erhalten bleiben. Tote-Tiere-Halter leckten sich offensichtlich schon die Pfoten danach, sich wie die Löwen auf diese Chance zu stürzen. Ich habe mich natürlich sofort gefragt, ob das bei Menschen auch funktioniert.

Prompt rief ich bei der Firma an (Timberline Taxidermy, falls es euch interessiert), und mir wurde beschieden, daß es, rein theoretisch, funktionieren würde. Sie müßten lediglich den Leichnam deines Ex auf -120° frieren und ihn dann in einen Vakuumbehälter legen, wo die gesamte Flüssigkeit aus ihm gesogen wird.

Das Verfahren ist nicht ganz billig – die Gefriertrocknung eines 4-Kilo-Tieres kostet an die DM 900, also würde die Gefriertrocknung eines 88-Kilo-Ex etwa DM 20 000 kosten –, aber stell dir nur vor, welche Möglichkeiten sich da auftun. Du könntest deinen Ex in einer Pose einfrieren lassen, daß es aussieht, als flehe er um Vergebung. Du könntest ihn in sitzender Position einfrieren lassen, ihn auf deiner Couch plazieren und deinen Eltern erzählen, ihr wärt verheiratet. (Sie würden gar nichts merken, besonders wenn du ihm eine Fernbedienung in die leblosen Hände schiebst.) Du könntest ihn sogar in stehender Pose mit seitlich ausgestreckten Armen einfrieren lassen und ihn dann als Garderobenständer benutzen.

Aber ich schweife ab. Höchste Zeit, zum Thema zurückzukommen, das, wenn ich mich recht entsinne, »Krempel« lautet.

Wenn dein AMMDDZ (andersgeschlechtlicher Mensch, mit dem du zusammenwohnst) zum AMDSWWWMW (andersgeschlechtlichen Menschen, der so weit weg wie möglich wohnt) wird

Die »Krempel«-Frage wird bedeutend komplizierter, wenn du mit deinem Ex zusammengelebt hast, besonders wenn ihr Sachen gemeinsam besessen habt.

KOMPLIKATION NR. 1: Ihr wißt nicht mehr, wem was gehört. Wenn man etwas zwei Jahre lang jeden Tag benutzt hat, neigt man dazu, es für sein Eigentum zu halten, auch wenn de facto jemand anders dafür bezahlt hat. Dieses Problem verschärft sich oft am Nach-Trennungs-Umzugstag, weil – und das ist eine wohlbekannte Tatsache – ein psychologisches Trauma zur zeitweiligen Lähmung der Gehirnzellen führt. Am Tag des Umzugs können deine Gehirnzellen so gelähmt sein, daß du und dein Ex nicht einmal annähernd raten könnt, wem was gehört.

»Ist dieser modische Vinylrucksack mit den großen gelben Sonnenblumen drauf dir?« wirst du deinen Ex in spe fragen.

»Ja«, wird er geistesabwesend antworten. »Ist das dein Hockeypuck?«

»Frag nicht so blöd«, wirst du erwidern. »*Natürlich* ist das mein Hockeypuck.«

Später werdet ihr beide euren Irrtum feststellen und eins von diesen leidigen TZKRs inszenieren müssen, von denen wir schon gesprochen haben.

KOMPLIKATION NR. 2: Viele teure Sachen sind euer Gemeinschaftseigentum, und ihr wollt sie beide haben. Dieses Problem läßt sich auf verschiedene Arten lösen. Eine davon ist, dich mit deinem Ex hinzusetzen, eine Liste aller gemeinschaftlichen Erwerbungen zu erstellen und zu feilschen, feilschen, feilschen. »Mein

Mann und ich haben alles fifty-fifty geteilt, als wir geschieden wurden«, erzählte mir eine Frau.»Ich habe ihm das Haus überlassen, die Mikrowelle, den Liegesessel, zwei Lampen sowie Küchentisch und -stühle. Erst als ich in meine neue Wohnung zog, merkte ich, *daß ich nichts hatte, wo ich mich hätte draufsetzen können.* Wenn mir das heute wieder passieren würde, würde ich alles mitnehmen *und* mir Unterhalt zahlen lassen.«

Was uns zu der anderen, reiferen Art der Problembewältigung führt – nämlich deinen Ex auszutricksen, indem du ihm alles überläßt und, wenn er das nächste Mal verreist, alles zurückklaust. Es handelt sich hierbei um eine altehrwürdige Methode, die uns aus der Vorgeschichte überliefert ist. Wir wissen das, weil Sir Edmund O'Leary im Jahr 1902 die Worte »Ung Ug, Urg Ah« entdeckte, die auf eine Höhlenwand in Südfrankreich geschrieben waren. Dies war, wie sich später herausstellen sollte, die erste bekannte Anwendung der sprichwörtlichen Redensart »Finderglück – Verliererpech«.

Das dumme an dieser »Verliererpech«-Taktik ist nur, daß sie auch gegen dich angewendet werden kann. Dazu die Gruselgeschichte einer Frau:

»Ich habe vier Jahre mit einem Typ zusammengelebt. Als er auszog, war ich nicht zu Hause, und so ließ er *alles* mitgehen. Er nahm die Stereoanlage und den Fernseher. Er nahm die Pflanzen. Er nahm den Gartenschlauch, die Eieruhr, den Werkzeugkasten. Er nahm die Gartenmöbel. Er nahm sogar das Telefon. Von einer vollmöblierten Wohnung mit Doppelbett und sechsfacher Bettwäsche blieben mir gerade mal ein Plastikhocker und ein Radiowecker. Ich mußte auf dem Boden schlafen.«

Aber diese Frau hatte ein dickes Fell. Am Tag, nachdem ihr Ex sie ausgeplündert hatte, ging sie in einen Elektronikmarkt und sagte zu dem Typen am Serviceschalter:»Ich brauche eine Stereoanlage, einen Fernseher, einen Videorecorder, ein Telefon, einen Anrufbeantworter und noch ein paar andere Sachen.« Der Typ holte den Geschäftsführer.

»Der Ausflug zum Elektronikmarkt war äußerst befreiend«, sagte die Frau. »Am Ende hab' ich fünf Boxen mit Surround-Sound gekauft, die so groß waren, daß ich Wandkonsolen anbringen mußte. Ich hab mir einen Mitsubishi-Fernseher mit 70-cm-Black-Diamond-Bildschirm gekauft, der mit allen erdenklichen Kinkerlitzchen ausgestattet ist, und mir noch einen Fernsehtisch aus schwarzem Glas dazupacken lassen. Ich habe keine Ahnung, wie man irgend etwas von diesem Zeug programmiert, aber verdammt noch mal, es gehört mir.«

KOMPLIKATION NR. 3: Du und dein Ex habt irgendwo Sachen gelagert. Dies ist ein verbreitetes Phänomen in Großstädten, wo die meisten Wohnungen so groß sind wie ein durchschnittliches Zimmer in einer Billigabsteige. Das Problem mit diesen gelagerten Sachen ist, daß man nach einer Trennung meistens vergißt, daß es sie gibt, bis eine geraume Zeit verstrichen ist. Eine Frau zahlte zum Beispiel weiterhin die Lagermiete, weil sie glaubte, das meiste davon sei ihr Krempel. Zwei Jahre später ging sie hin, um dort sauberzumachen, und entdeckte, daß alles in dem Lagerraum ihrem Ex gehörte und sie letztlich Tausende von Mark zum Fenster hinausgeworfen hatte.

Der Ehemann einer anderen Frau erbot sich, die Lagermiete zu bezahlen, und scherte sich dann einen Teufel darum. Folge: Die Lagerfirma versteigerte ihre Sammlung von Original-Jazzaufnahmen aus den Vierzigern, ihre antike Kodak-Kamera und, ironischerweise, ihr Hochzeitsalbum. Am schlimmsten aber war, daß sie auch ihre *Jahrgangs-Barbiepuppen* versteigerten, die sie seit ihrer Kindheit hatte.

Der beste Ratschlag, den ich bezüglich des Lagerraumthemas erteilen kann, ist folglich, daß du in einer ganz, ganz großen Wohnung leben solltest, und zwar vorzugsweise allein.

Wichtig ist, daß du keines der Geschenke zurückgibst, die dein Ex dir gekauft hat. Einige Frauen tun das in der irrigen Annahme, daß sie dadurch nobel und würdevoll erscheinen. Ihnen sage ich: *Ich bitte euch!* Wenn ihr das Zeug nicht wollt, verkloppt es lieber und kauft euch von dem Geld etwas, was eurem Ex echt stinken würde, wie zum Beispiel Kondome oder einen Vibrator. (Männer hassen Vibratoren. Sie leiden an Vibratorneid. Ich weiß das, denn als der Mann meiner Freundin Katie ihren Vibrator fand, griff er zum Hammer und zerschmetterte ihn in tausend Stücke.)

> »Ich bedaure schon, daß ich die Ray-Ban-Sonnenbrille meines Ex weggegeben habe. Er hatte sie mir bei unserer ersten Verabredung geschenkt. Wir waren den ganzen Tag herumgefahren, hatten uns tolle Musik angehört und Geschichten über uns selbst erzählt. Es war sehr sonnig, und so nahm ich seine Ray-Ban-Brille von der Ablage und setzte sie auf. Als ich sie nach dem Rendezvous abnehmen wollte, sagte er: ›Behalt’ sie. Die Vorstellung, daß du sie jetzt hast, gefällt mir.‹ Es war ein so vollkommener Tag.«
>
> KYRA, LOUISVILLE

Apropos Geschenke: Der Ex einer Frau besaß die Dreistigkeit, die Cappuccinomaschine, die er ihr zu Weihnachten geschenkt hatte, von ihr *zurückzuverlangen.* »Er sagte, er wolle nicht, daß ich sie mit jemand anderem benutze«, erzählte sie. »Gott verhüte, daß ich für einen anderen Kerl einen Cappuccino mache.«

Sollte *dein* Ex ein Geschenk, das er dir gekauft hat, von dir zurückfordern, ruf einfach die Taktpolizei und laß ihn wegen nicht zu überbietender Geschmacklosigkeit verhaften.

Ganz besonders wichtig ist es, Geschenke von deinem Ex zu behalten, die tatsächlich brauchbar sind. Ich zum Beispiel habe folgende Geschenke von verschiedenen Exfreunden behalten:

✘ meinen Fernseher,
✘ meinen Grilltoaster,
✘ meinen Videokassettenspieler (gegenüber einem Videokassetten*recorder*, den mir zu kaufen mein Ex zu geizig war),
✘ meinen riesigen Facettenspiegel, den mein Ex von einer Baustelle organisiert hat,
✘ meine Ray-Ban-Sonnenbrille,
✘ meinen Londoner-Nebel-Regenmantel,
✘ meine Perlenkette,
✘ meinen Teppich mit Indianermuster,
✘ meine Vivitarkamera,
✘ mein sexy Perlen-Top.

Wenn du die Nützlichkeit der Sachen abwägst, die dir dein Ex geschenkt hat, solltest du viel Spielraum lassen, denn du merkst vielleicht – dank eines jähen, blendenden Geistesblitzes –, daß etwas, das du ursprünglich für wertlosen Plunder gehalten hast, tatsächlich einen weniger offensichtlichen, dafür aber höchst wichtigen Zweck erfüllt. So entdeckte zum Beispiel Jennifer Flavin, nachdem Sly Stallone sie hatte sitzenlassen, daß der Bronzeabguß seines Arms einen verdammt guten Briefbeschwerer abgab. Du könntest feststellen, daß die häßliche Plastikschale, die dir dein Ex als Kitschsouvenir von einer seiner Reisen mitgebracht hat, ein klasse Katzenklo abgibt.

Wenn du den Krempel *wirklich* nicht um dich haben willst, gibt es drei Möglichkeiten:

1. Handelt es sich um ein Kleidungsstück, dann bring es zu Nordstrom's* und laß dir den vollen Betrag zurückerstatten. Ich würde euch ja liebend gern davon erzählen, was für ein toller Laden Nordstrom's ist und daß sie dort Sachen ohne Kassenbon zurücknehmen, selbst wenn der Artikel 1972 gekauft wurde und du nicht 100% sicher bist, ob er wirklich von Nordstrom's stammt. Aber die würden mich bestimmt verklagen.

2. Wenn der Artikel eindeutig nicht bei Nordstrom's gekauft wurde und somit auch nicht zurückgegeben werden kann, dann nimm das Stück mit in die Einkaufsgalerie, geh ins oberste Stockwerk und wirf es übers Geländer. Eine Frau erzählte mir, daß das bei ihr prima klappte.

3. Handelt es sich um ein Schmuckstück, so laß es einschmelzen und ein neues daraus anfertigen. Manche Juweliere, die diesen Service anbieten, lassen *dich* sogar den Lötkolben schwingen. Der Grundgedanke hierbei ist, daß es äußerst kathartisch ist zu sehen, wie das Stück Metall, das einst deine Zukunft symbolisierte, langsam zu einer ungestalten Masse zusammenschmilzt.

Warnung: Wenn du deinen Schmuck zum Einschmelzen bringst, könntest du erfahren, daß der »Brillant«, den dir dein Ex gekauft hat, in Wahrheit ein Glaswürfel aus einem Kaugummiautomaten ist. In diesem Fall hast du meine Erlaubnis, ihn deinem Ex zurückzuschicken mit der Botschaft: »Mit tausend Dank zurück, du mieser Geizkragen.«

* Kaufhaus-Kette (A.d.Ü.).

Mit Papierkram ist es am schwierigsten umzugehen, weil er häufig mit *guten* Erinnerungen an deinen Ex verbunden ist und daher zu bewirken vermag, daß du den Schleimscheißer auch noch vermißt.

Es gibt einen richtigen und einen falschen Weg für den Umgang mit Papierzeug.

Falsch: Umgib dich mit deinen sämtlichen Fotoalben und sonstigen Papierreminiszenzen und quäl dich damit, Fotos von dir und deinem Ex aus glücklicheren Tagen zu betrachten, die Liebesbriefe und Karten zu lesen, die er dir geschickt hat, und ähnliches, bis du derart in Gefühlsduselei versinkst, daß keiner deiner Freunde mehr mit dir zu tun haben will.

Richtig: Umgib dich mit deinen sämtlichen Fotoalben und sonstigen Papierreminiszenzen und fang an, einiges davon wegzuschmeißen. Diese unerquickliche Aufgabe läßt sich in acht leichten Schritten ausführen.

Schritt 1: Teil deine gesammelten Beziehungsandenken in drei Stapel auf. Auf den ersten Stapel (im folgenden der »gute Stapel« genannt) legst du alles, was dein Ego aufbaut. In den zweiten (im folgenden der »miese Stapel« genannt) kommt alles, was dich zum Würgen, Weinen oder Töten reizt. Auf den dritten Stapel (im folgenden der »namenlose Stapel« genannt) legst du deine Tagebücher und alle Liebesbriefe, die aus der Feder deines/er Verflossenen stammen.

Schritt 2: Entledige dich des miesen Stapels. Durch die Wahl einer der folgenden Methoden läßt sich der therapeutische Nutzen maximieren:

✘ Verbrenn ihn.

✘ Zerfetz ihn und wirf die Schnitzel wie Konfetti ins Klo. (Es ist eine *große* Befriedigung, deinen Ex dahin zu befördern, wo er – bildlich gesprochen – hingehört, aber paß auf, daß du nicht zu viel auf einmal runterspülst. Eine Frau, die diese Methode angewandt hat, hat ihre Toilette auf die Weise dreimal verstopft.)

✗ Geh mit der Schere ran. Diese Methode eignet sich besonders bei Fotos, auf denen dein Ex allein ist oder du *echt beschissen aussiehst*. (Wenn es ein gutes Bild von dir ist, leg's auf den guten Stapel. Dazu später mehr.)

Einen Mordsspaß machst es, Augen, Mund und Du-weißt-schon-was deines Ex auszuschneiden, die zusammengewürfelten Schnipsel in eine Tüte zu stopfen und sie ihm zu schicken. Da wird's ihm garantiert ganz anders.

Warnung: Unter keinen Umständen solltest du deinen Ex aus dem Bild schneiden und den Rest behalten, denn das würde dich nur an das große Loch erinnern, das er in deinem Leben hinterlassen hat.

Schritt 3: Weiter zum namenlosen Stapel. Nimm zuerst all die schmalzigen Liebesbriefe, die er dir geschrieben hat, und pack sie in eine Schachtel für sich. Versteck den Karton im obersten Fach deines Schrankes, ganz weit hinten hinter deinen psychedelisch verfremdeten Popstar-Postern und deiner Zaubertafel, laß ihn der Vergessenheit anheimfallen bis zu dem Zeitpunkt, da du oder deine künftigen Kinder ihn hervorkramen, die Briefe lesen und euch darüber kugeln könnt.

Warum sie aufheben?

✗ Dein Ex wird ihretwegen zeitlebens Blut und Wasser schwitzen, weil er weiß, daß du und deine Kinder euch darüber kugelt.

✗ Sollte er jemals berühmt werden, kannst du einen Haufen Geld an den Filmrechten verdienen.

✗ Sie sind der handfeste Beweis dafür, daß dich ein Mann einst begehrenswert fand.

Schritt 4: Lies deine Tagebücher durch und unterstreich die Stellen, an denen du dich während eurer Beziehung über deinen Ex beschwert hast, ihn einen Arsch genannt hast usw. Dies verhindert, daß du eure Beziehung durch die rosarote Brille siehst und dem Glauben verfällst, dein Ex sei eigentlich ganz in Ordnung und du bescheuert gewesen, ihn gehen zu lassen.

Ich habe dies selbst ausprobiert und war überrascht, so viele negative Passagen über verschiedene Verflossene zu finden – selbst über die, die ich immer noch irgendwie mochte. Diese negativen Passagen begannen in der Regel mit dem Satz: *»Ich hasse diese Beziehung!«* und endeten mit dem Satz: *»Ich hasse diese Beziehung!«* Dazwischen standen einige der konkreten Dinge, die ich haßte, wie zum Beispiel …

✘ daß ein Ex pausenlos von seinen früheren Freundinnen sprach,

✘ daß ein anderer Ex mich immer abwimmelte und nie anrief, wenn er es versprochen hatte,

✘ daß ein weiterer Ex sexistische Kommentare abgab, nur um mich auf die Palme zu bringen,

✘ daß bei einem anderen Ex der Fernseher pausenlos laufen mußte, auch wenn er schlief,

✘ daß derselbe Ex aus dem Haus kam und die Erde küßte, nachdem ich mit seinem Jeep eine Probefahrt gemacht hatte, und

✘ daß ein anderer Ex ein egoistischer, verlogener, ignoranter, taktloser, unreifer Kretin war, und ich hoffe, er stirbt.

Kurzum, deine Tagebücher werden dir dabei behilflich sein, deine vergangenen Beziehungen ins rechte Licht zu rücken. Sie dienen auch – was sehr wichtig ist – als Erinnerung an den Menschen, der du einmal warst. Und wenn du sie objektiv liest, können sie dir die selbstzerstörerischen Denk- und Verhaltensmuster bewußtmachen, die dich daran hindern, eine *gute* Beziehung zu haben.

Nachdem dies gesagt ist, sollte ich euch wohl warnen, daß es *keine* gute Idee ist, all eure Aufzeichnungen in einer Sitzung zu lesen. Ich habe das am eigenen Leib zu spüren bekommen, als ich an diesem Buch arbeitete. Eines Tages saß ich an meinem Computer und zermarterte mir das Gehirn. »He!« dachte ich plötzlich. »Vielleicht find' ich noch mehr Stoff für mein Buch, wenn ich alle meine Tagebücher durchblättere!«

Dieser Einfall erwies sich einerseits als brillant und andererseits als unglaublich blöd. Brillant, weil ich in der Tat noch viel Stoff für mein Buch fand. Unglaublich blöd, weil mich eine Flut von bösen Erinnerungen überfiel − Erinnerungen, welche es mir, bis zu diesem Zeitpunkt, ziemlich gut gelungen war zu verdrängen. Von all meinen gescheiterten Beziehungen zu lesen stürzte mich mit einem Schlag in eine Depression, die zwei ganze Wochen anhielt.

Was noch schlimmer war, ich hatte daraufhin *wiederkehrende Alpträume* von Exfreunden, an die ich schon seit Jahren nicht mehr gedacht hatte.

WIEDERKEHRENDER ALPTRAUM NR. 1: Der Schauplatz: ein Basketball-Spielfeld. Der Korb ist etwa 20 Meter entfernt und ungefähr 10 Meter hoch. Direkt vor dem Korb sind zwei hohe Stangen, eine Ballbreite auseinander. Zwei Männer im Anzug stehen neben dem Spielfeld. Ich soll einen Korb werfen, aber es ist fast unmöglich − zumal ich nicht einmal den Ball halten kann. Ich renne auf dem ganzen Spielfeld herum und versuche, ihn zu fangen, als mein Exfreund, die Sportskanone, hereinmarschiert. Er schickt sich an, einen Korb nach dem anderen zu werfen.

WIEDERKEHRENDER ALPTRAUM NR. 2: Ein Ex, der mir den Laufpaß gegeben hat, hat beschlossen, mir noch mal eine Chance zu geben. Er parkt in einem weißen Cabriolet vor dem Haus und wartet ungeduldig mit laufendem Motor. Ich versuche hektisch, zwei große Koffer zu packen, doch kaum denke ich,

ich habe alles, drehe ich mich um und entdecke noch einen Berg von Kram, der gepackt werden muß. Ich renne immer wieder zur Tür, um mich zu vergewissern, daß mein Ex noch da ist. Am Ende fährt er ohne mich davon.

WIEDERKEHRENDER ALPTRAUM NR. 3: Ich befinde mich in einer Wohnung mit zwei Türen, die sich nicht absperren lassen. Ein fremder Mann ist hinter mir her. Ich sterbe fast vor Angst. Ich habe einen Gummikeil und renne damit von einer Tür zur anderen, wobei ich den Keil just in der Sekunde unter die Tür schiebe, da der fremde Mann sie zu öffnen versucht. Das geht eine Zeitlang so weiter. Schließlich schaffe ich es nicht mehr rechtzeitig, und der fremde Mann gelangt in die Wohnung. Plötzlich erblicke ich einen meiner Verflossenen draußen vor der Tür. »Hilf mir!« flehe ich ihn an. Mein Ex starrt mich unverwandt an und steht einfach nur da, während mir der fremde Mann ein Schlachtmesser in den Bauch rammt.

Wie gesagt, es ist keine gute Idee, deine Tagebücher alle in einer Sitzung zu lesen.

SCHRITT 5: Jetzt ist es an der Zeit, deine Aufzeichnungen wegzulegen und dich dem guten Stapel zu widmen. Am besten also, du beginnst mit all jenen Fotos von dir und deinem Ex, auf denen du einfach umwerfend aussiehst. Anstatt nun deinen Ex auszuschneiden und mit einem halben Bild dazustehen (oder noch schlimmer, einem Bild mit einem Rie-

»Mein Ex und ich hatten uns wieder zusammengetan, aber es dauerte nur wenige Monate. Er kochte mir ein schönes Abendessen – das einzige Mal, daß er je für mich gekocht hat –, und ich hatte *zehn Tage* lang Durchfall. ›Gott will mir hier irgendwas sagen‹, dachte ich mir.«
LEILA, JERSEY CITY

senloch drin), wirst du *ihn aus dem Bild entfernen und besagtes Bild dabei völlig intakt lassen.* Dieser Zauber läßt sich auf verschiedene Arten bewerkstelligen. Die billigste und einfachste ist es, ein Boulevardblatt durchzuforsten, den Kopf eines gutaussehenden Schauspielers auszuschneiden und ihn auf das Gesicht deines Ex zu kleben. Die teurere und überzeugendere Art ist es, die Dienste eines Foto-Retuscheurs in Anspruch zu nehmen. Dieser kann, unter Anwendung der allerneuesten Techniken, entweder

✘ deinen Ex aus dem Bild »radieren«, so daß es aussieht, als stündest du ganz allein da und hieltest die Luft umschlungen, oder
✘ deinen Ex makellos durch das Bild eines anderen ersetzen, so daß es aussieht, als hättest du Brad Pitt *wirklich* geheiratet.

Der technologische Fortschritt ist doch was Tolles, oder?

Schritt 6: Nimm, was vom guten Stapel übrig ist (alle Ansichtskarten, getrockneten Blumen, abgerissenen Eintrittskarten, Fotos, die du nicht retuschieren wolltest usw.), pack es in einen Schuhkarton und laß ihn von einer Freundin oder einem Familienmitglied etwa sechs Monate lang aufbewahren. *Dieser Schritt ist sehr wichtig, denn er schützt dich vor dir selbst.* Wenn du die Schachtel aus dem Haus schaffst, gerätst du nicht in Versuchung, in ihr herumzustöbern, jedesmal wenn dich die Sehnsucht nach deinem Ex überfällt – und das wird deine Nach-Trennungs-Trübsal merklich mindern.

Schritt 7: Wenn die sechs Monate um sind, holst du die Schachtel zurück und öffnest sie. Eins von zwei Dingen wird passieren:

✘ Ein ganz gruseliger Dämon wie die in *Jäger des verlorenen Schatzes* fliegt heraus und verwandelt dich in Staub.

✗ Du stellst fest, daß du das Zeug ansehen kannst, ohne das heulende Elend zu kriegen. Auf diese folgenschwere Entdeckung hin sinkst du in tiefer Ohnmacht zu Boden.

Hier sind drei gute Gründe, die Schachtel nach sechs Monaten zu öffnen.

1. Sie wird zu einem greifbaren Nachweis deines Fortschritts. Über einen Ex hinwegzukommen ist ein Prozeß, der sich in winzig kleinen Vorwärtsschritten vollzieht, so daß du vielleicht gar nicht gemerkt hast, wie weit du schon gekommen bist.

2. Dank des zeitlichen Abstands wirst du den Inhalt mit größerer Objektivität betrachten können. Dadurch gewinnst du neue Erkenntnisse über deinen Ex und deine Beziehung. Hier einige Beispiele dafür, was Frauen dazu zu sagen hatten:

✗ »Mein Ex hat mir einmal Blumen geschickt. Auf der beiliegenden Karte stand: ›Licht. Hitze. Deine Augen.‹ Damals dachte ich, es sei das Romantischste, was ich je gehört hatte. Als ich aber die Karte nach sechs Monaten wieder las, war mir klar, daß das schlicht ein Plagiat eines Peter-Gabriel-Songs war.«

✗ »Mein Ex haßte es, fotografiert zu werden, obwohl er Schauspieler war. Als ich meine Sammelmappe ein Jahr später aufschlug und sah, wie er auf sämtlichen Fotos sein Gesicht bedeckte, ging mir endlich auf, daß dieser Typ echt einen *Hau* hatte.«

✗ »Ich hab' ein Automatenfoto von meinem Ex und mir, wie wir uns inbrünstig küssen. Als wir frisch getrennt waren, konnte ich es mir nicht mal anschauen, weil er mir so sehr fehlte. Heute sehe ich es mir an und denke: ›Mensch, Mama hatte recht! Er ist *doch* ziemlich häßlich.‹«

3. Du wirst feststellen, daß einiges von dem Zeug keine Bedeutung mehr hat. Glaub mir: Es werden sich Sachen in der Schachtel finden, bei denen du unwillkürlich ausrufst: »Was ist denn *das* für ein Scheiß, und wieso heb' ich so was auf?« Wenn du die Schachtel mal ordentlich ausmistest, schrumpft der Inhalt auf das zusammen, was wirklich von Bedeutung ist.

Schritt 8: Am allerbesten ist es, du legst die Schachtel wieder weg und öffnest sie weitere sechs Monate nicht, um dann den Ausmistungsprozeß zu wiederholen. Bald hast du den Inhalt ausschließlich auf die Dinge reduziert, die die wirklich guten Erinnerungen zurückbringen. Von da an wird dir das Kramen in der Schachtel ein angenehmes Gefühl von Nostalgie anstatt eines unangenehmen Gefühls schierer Verzweiflung bescheren. Und so sollte es auch sein.

Die Schritte 7 und 8 sind die wichtigsten Bestandteile des Papierkram-Beseitigungsverfahrens. *Wenn du die Schritte 7 und 8 nicht befolgst, tritt diese Stephen-King-Chose ein, und die Schachtel wird so gespenstisch, daß du vor Angst die Schranktür nicht mehr aufmachst.* Genau das ist meiner Schwester Tammy passiert.
Sie hatte über die Jahre so viele Beziehungsandenken in einen Schuhkarton gequetscht, daß daraus *zwei* Kartons wurden – die sie dann nie wieder geöffnet hat.
Da viele der Frauen, mit denen ich gesprochen habe, in einer ähnlichen Situation waren, dachte ich, es wäre sicher eine große Hilfe, wenn meine Schwester in aller Ruhe durch ihre Kartons geht und mir eine minutiöse Schilderung des Erlebnisses gibt. Mein Hintergedanke dabei war: »Wenn sie das tut und dabei durchdreht, empfehle ich diese Taktik meiner Leserschaft vielleicht lieber nicht.«
Ich bat Tammy also, ihre Schachteln zu öffnen und den Inhalt für mich zu analysieren.
»Na schön«, willigte sie zögernd ein, wobei ihre Stimme starke

Zweifel verriet. »Aber ich muß mich erst seelisch darauf vorbereiten. Und ein paar Bier muß ich auch vorher trinken.« »Es ist nicht der olympische Zehnkampf«, erwiderte ich, »aber tu, was du nicht lassen kannst.« Wir einigten uns darauf, daß ich sie später zurückrufe.

Anmerkung: Das folgende ist eine Niederschrift dessen, was meine Schwester im Lauf des langen und teuren Telefongesprächs sagte, das mit der Öffnung der Schachteln einherging. *Was ihr im Begriff seid zu lesen, ist wahr. Die Namen wurden geändert, um die Unvermögenden zu schützen.* *

Okay, ich hab' hier zwei Schuhkartons, beide voller Zeug, das mit irgendwelchen Typen verbunden ist. Ich mach' jetzt den ersten Karton auf. *(Macht eine Pause, um einen kräftigen Schluck Bier zu tanken.)* Was zuoberst liegt, ist alles Kram aus meiner Beziehung mit Gary, der nach Chicago gezogen ist, während wir zusammen waren. Echt Kacke – ich war wirklich verrückt nach ihm. Also, hier haben wir eine Ansichtskarte von einem Motel in Wisconsin. Hier ist eine Geschäftskarte von Poet's, einer Bar in Chicago. Hier ist ein Päckchen Süßstoff von Kentucky Fried Chicken und eine Serviette aus einer Bar namens Mother's. Oh, hier ist eine Kinokarte – *Hamburger Hill.* Hier haben wir ein Paar chinesische Stäbchen – sie erinnern mich an nichts Bestimmtes; ich schick' sie dir. Hier ist eine Eintrittskarte für ein Footballspiel. Ich hab' in Reihe 21, Platz 25 gesessen. Hmm, was'n das? Ach ja, eine Liste meiner Ausflüge nach Chicago, um Gary zu besuchen. Zwei Jahre lang bin ich jedes zweite Wochenende hingefahren. Die behalt' ich – sie beweist, daß er mich mochte.

Hier sind zwei Silvester-Tröten. *(Tutgeräusch.)* Die funktioniert noch. *(Geräusch von jemandem, der mir ins Ohr spuckt.)*

---

* Dies ist ein Insiderwitz. Viele der Verflossenen meiner Schwester konnten sich nicht mal einen Gedanken leisten. (Nicht, daß ihre Gedanken irgendeinen Wert gehabt hätten.)

Die nicht. Weg damit. Hier ist das letzte von den Gary-An-
denken – ein Schokoladenherz. Weckt schöne Erinnerungen,
aber ich weiß nicht mehr woran. Sollte ich wohl ausmisten,
was?

(Nimmt einen kräftigen Schluck Bier.) Hier ist ein Blumenkärt-
chen. Soll ich's aufheben, wenn es mir nichts bedeutet und ich
den Typ nicht mochte? Nein, du hast recht. Das wär' ja kein
Austreiben von bösen Geistern.

Okay. Jetzt kommt der Kram von meinem Freund Roy. Hier
ist eine Orientierungskarte vom Freizeitpark Worlds of Fun.
Er hat mich durch sämtliche Rummelanlagen geschleust, obwohl mir von den Fahrten schlecht wurde. Weg damit. Hier ist
eine »Verzeih-mir«-Karte, auf der steht: »Manchmal sage oder
tue ich Dinge, die ich nicht so gemeint habe. Dies ist so ein
Mal. Es tut mir leid.« Die heb' ich auf, weil sie beweist, daß ich
recht hatte. Oh! Hier ist ein Zettel, auf dem steht: »Tammy: Du
bist die *beste*, schönste, verständnisvollste, liebenswerteste,
sexyeste, köstlichste Frau, die mir je begegnet ist. Ich werde
ewig darunter leiden, was ich getan und nicht getan habe.« Er
fühlte sich so mies. Das heb' ich auf.

Ah, hier ist die Karte von dem Blumenstrauß, den Danny mir
geschickt hat, nachdem er mich betrogen hatte: »Gibst du mir
noch eine Chance?« Ja, ja. Klar. Na ja, ich heb' sie auf – sie erinnert mich daran, wie zerknirscht er war. He, das ist gut. Es
stammt aus der Zeit, als ich mit diesem Schlagzeuger ging. Es
ist eine Kopie vom Tourneeplan der Band. Und hier ist ein
Backstage-Paß. Ich bin umsonst reingekommen und durch
die Menge geleitet worden. Cool, was? Das heb' ich auf.

So, jetzt bin ich auf dem Boden des ersten Kartons angekom-
men. Was ist das? Ein rotes Filzherz, auf dem »Rat mal, wer?«
steht. Tut mir leid. Ich erinnere mich nicht. Ab in den Müll.

Ich öffne jetzt den zweiten Karton. Das ist alles Zeug von
Don. Das war ein echter Zettel- und Gedichteschreiber; die
klemmte er mir dann immer unter den Scheibenwischer an
meinem Wagen. Hier ist eine Nachricht auf gelbem Brief-

papier. Ooooch, das hat er geschrieben, nachdem ich mit ihm Schluß gemacht hab'. »Ich will dich nicht verlieren, aber wenn ich das bereits getan habe, bleibst du dann meine Freundin? Weil du immer meine *beste Freundin* warst!« »Beste Freundin« ist zweimal unterstrichen.

Hier ist noch so was Entzückendes. Das muß er im Suff geschrieben haben; die Schrift ist anders. Und die Interpunktion fehlt auch. »Ich will dich immer noch und ich liebe dich immer noch sehr ich kann mir nicht vorstellen ohne dich zu sein bitte sprich mit mir in Liebe Don PS ich bin gerade bei dir vorbeigefahren um dir dies ans Auto zu stecken.« *(Wir brechen in schallendes Gelächter aus.)* Das muß ich aufheben – das ist echt lustig.

Oi! Hier ist noch ein Suffbrief ohne Interpunktion. *(Nimmt noch einen kräftigen Schluck Bier.)* Er hat meinen Namen mit nur einem »m« geschrieben. Hat er immer getan – das hat mir echt gestunken. Jedenfalls steht da: »Tamy ich hab dies Gedicht neulich abend im Büro geschrieben du hältst es wahrscheinlich für kitschig aber so empfinde ich nun mal.« O Mann – das hier ist echt zum Totlachen. Ich les' es dir genau so vor, wie er's geschrieben hat, mit Rechtschreibfehlern und allem.

Immer wenn ich meine Augen schließe sehe ich nicht alls
diese großen braunen Augen
Ich sehne mich dich wieder in Amen zu
Halten ich wünschte es wär nicht so gewesen wies war
Ich vermisse dein Lächeln, ich vermisse dein Duft
Ich vermisse dein Ströbische* Art
Alls was ich sagen kann es tu mir leid
und hoffe du willst wider mein
irgendwann.

(Wir lachen uns eine gute Viertelstunde lang krank.)

---

* Wir glauben, er meinte störrisch, aber wir sind nicht sicher.

Tja, das Gedicht war das letzte Stück im zweiten Karton; das bedeutete, das Experiment war vorbei. Meine Schwester und ich fanden übereinstimmend, daß es ein umwerfender Erfolg war: Tammys Mülleimer war halbvoll, und sie hatte das Gefühl, als wäre ihr eine Riesenlast von den Schultern gefallen.

»Ich hatte eine solche Angst, in diese Schachteln zu gucken«, sagte sie. »Ich dachte, das würde mich total umhauen. Aber vieles von dem Kram hat mich nicht weiter berührt, was eigentlich erstaunlich ist, denn irgendwann hatten sie mir mal sehr viel bedeutet. Ich hab' den Eindruck, ich bin über diese Typen tatsächlich *hinweg.*«

Unsere Hoffnung ist es, daß die Ratschläge in diesem Kapitel dieselbe Wirkung auf euch haben werden.

10
Könnt ihr – solltet ihr – Freunde bleiben, du und dein Ex?

 **KLAR**, wenn ihr auf dem Planeten Zorgon lebt, wo Männer und Frauen in vollkommener Harmonie koexistieren. Hier auf der Erde jedoch ist das keine so gute Idee.

Darf ich das erklären. Die Tatsache, daß es praktisch unmöglich ist, mit einem Ex weiterhin gut befreundet zu sein, hat absolut nichts mit dem guten alten Satz aus *Harry und Sally* zu tun: »Männer und Frauen können keine Freunde sein.« Nein, es ist nur so: Wenn man sich einmal mit einem Typen im Heu gewälzt hat (kann auch in den Federn oder auf dem Boden gewesen sein), ist es sehr, sehr schwer, zu einer platonischen Beziehung zurückzukehren.

Das Hauptproblem dabei ist, daß einer von euch fast immer einen tieferen Beweggrund hat (nämlich

> »Das schwerste an einer Trennung – egal, von wem sie ausgeht – ist, daß du den Menschen verlierst, dem du am meisten vertraust. Du würdest ihn am liebsten anrufen und sagen: ›Hilfe, mir geht's wirklich dreckig‹, aber das kannst du nicht, weil er der *Grund* dafür ist, daß es dir dreckig geht.«
> JENNY, CEDAR RAPIDS

143

Sex). Derjenige, der diesen Hintergedanken hat, ist gewöhnlich auch derjenige, der ohnehin nie Schluß machen wollte. Dieser Mensch wird alles tun, um den anderen in seinem Leben zu halten, und wenn es nicht anders als durch eine Freundschaft geht, dann werden sie eben Freunde. Logisch, jetzt sind wir nur Freunde, aber bald schlafen wir wieder miteinander, denken sie.

Der andere Mensch in dieser Gleichung fällt mehr oder weniger in eine von fünf Kategorien:

DIE HEILIGE. *Motto:* »Lieber schlafe ich mit einem Gorilla als mit meinem Ex, aber es wäre gemein, es zu sagen.« *Merkmale:* ☛ Braucht Zuneigung. ☛ Haßt es, andere Menschen zu kränken. ☛ Meister der Notlüge. *Überlegung:* »Wenn ich mit meinem Ex befreundet bleibe, ist das nicht so hart für ihn.« *Erkennt nicht:* Nett zu einem Ex zu sein, weil er einem leid tut, ist unaufrichtig und weckt in ihm nur falsche Hoffnungen. *Konkretes Ergebnis:* Dein Ex könnte dich am Ende noch mehr hassen. »Mein Ex sagte, ich bedeute ihm noch sehr viel und er wolle mich auch weiterhin in seinem Leben haben – nur nicht ›so‹. Er dachte, er tut mir einen Gefallen, aber in Wirklichkeit rief er in mir nur Zweifel und Verwirrung hervor. Das werde ich ihm nie verzeihen.«

DER ANGSTHASE. *Motto:* »Ich würde gern endgültig Schluß machen, aber das gäb' wahrscheinlich eine häßliche Szene.« *Merkmale:* ☛ Konfliktscheu. ☛ Unentschlossen. ☛ Willensschwach. *Überlegung:* »Wenn ich die Gute-Freunde-Kiste lange genug durchhalte, wird mein Ex sie irgendwann selbst abbrechen.« *Erkennt nicht:* Dein Ex wird deine Schwäche spüren und sie als Zeichen dafür auslegen, daß du noch an ihm hängst, worauf er seine Anstrengungen, dich wieder ins Bett zu kriegen, verdoppeln wird. *Konkretes Ergebnis:* Eine ganz, ganz häßliche Szene. »Mein ehemaliger Verlobter war irgendwie nicht ganz dicht, aber ich habe trotzdem immer mit ihm geredet, wenn er anrief, weil ich es einfach nicht auf die Reihe kriegte, umzuziehen oder meine Telefonnummer ändern zu lassen. Bald fing er an, mich zu besuchen und mich anzubetteln, mit ihm zu schlafen. Irgendwann mußte ich schließlich die Polizei rufen.«

DER EMOTIONALE KRÜPPEL. *Motto:* »Mein Ex kennt mich so gut. Wenn ich total mit ihm breche, wo soll ich dann hingehen, wenn ich ein Problem habe?« *Merkmale:* ☛ Von anderen abhängig. ☛ Hat Angst vor dem Alleinsein. ☛ Hat Angst vor Veränderungen. *Erkennt nicht:* Unabhängigkeit ist der Schlüssel zum Selbstbewußtsein. Wer seinen Ex als Krücke benutzt, bis der nächste Liebhaber daherkommt, steht seiner eigenen Fortentwicklung als Mensch im Wege. *Konkretes Ergebnis:* Du läufst Gefahr, in zunehmendem Maße ichbezogen und reizlos zu werden. »Bei einer bekannten Größe zu bleiben hat was Praktisches an sich. Warum etwas total beenden? Schließlich gibt man ja auch einen Job nicht auf, ohne einen neuen in Aussicht zu haben.«

DIE MÄRTYRERIN. *Motto:* »Ich habe die Trennung gewollt, also muß ich dafür bezahlen.« *Merkmale:* ☛ Von Schuldgefühlen zerfressen. ☛ Gelegentliche Anwandlungen von Selbsthaß. ☛ Geil auf Bestrafung. *Erkennt nicht:* Sich von jemandem zu trennen bedeutet nicht, daß man ein gräßlicher Mensch ist. *Konkretes Ergebnis:* Verlust der Selbstachtung. »Mein Ex war so lieb, wenn er nicht gerade ein Arsch hoch drei war. Ich habe es einfach nicht übers Herz gebracht, vollauf mit ihm zu brechen. Drei Monate lang hab' ich mich von ihm zum Essen ausführen lassen, mir Sachen kaufen lassen und mir im Endeffekt den letzten Nerv rauben lassen. Es war zum Kotzen – es war so, als würde ich sagen: ›Spring!‹ und er: ›Wie hoch?‹ Ich könnt' mich selber in den Hintern beißen, daß ich es einfach hab' weiterlaufen lassen.«

Die Selbstsüchtige. *Motto:* »Je mehr Typen mich anrufen, desto besser – auch *wenn* es Exfreunde sind.« *Merkmale:* ☛ Oberflächlich. ☛ Kokett. ☛ Selbstwertgefühl basiert ausschließlich auf sexueller Attraktivität. *Erkennt nicht:* Dies ist eine Form von Habgier – und jede Form von Habgier ist sehr, sehr häßlich. *Konkretes Ergebnis:* Du könntest am Ende mit gar niemandem dastehen. »Meine Zimmernachbarin spielte mit ihren Verflossenen gern Katz und Maus. Immer wenn einer anrief, neckte sie ihn mit Bemerkungen wie: ›Ich trag' grad diesen Pulli, der dir so gut gefallen hat.‹ Mit der Zeit sprach sich das rum, und jetzt ruft *keiner* mehr an – einschließlich des Typs, den sie *wirklich* mag.«

Ich glaube, man kann ruhig sagen: Egal, in welche Kategorie du fällst (oder auf welcher Seite du stehst), die Gute-Freunde-Tour nach einer Trennung ist *durch und durch faul.* Früher oder später hat einer von euch das Gefühl, in der Falle zu sitzen, und der andere verrennt sich immer mehr. Keiner von euch ist dann mehr in der Lage, einen Schritt vorwärts zu tun. »Ich habe eine Menge Energie an eine Beziehung verschwendet, die für meinen Partner schon lange gestorben war«, erzählte mir eine Frau. »Wenn er sie nur beendet hätte, anstatt das Unvermeidliche einfach aufzuschieben, wäre ich jetzt vermutlich längst über ihn hinweg.«
Und eine andere sagte: »Ich habe eingewilligt, daß mein Ex und ich Freunde bleiben, und das hat mich davon abgehalten, jemand Neuen kennenzulernen. Ich hab' mir nie verzeihen können, daß ich so blöd war. Warum hatte ich nicht den Nerv, nein zu sagen?«

Die rauhe Wahrheit ist, daß die meisten Paare von vornherein keine Freunde sind – und wenn ihr *vor* der Trennung keine Freunde wart, könnt ihr *nach* der Trennung im Traum keine Freunde mehr werden.
Außerdem haben Beziehungen die Eigenart, die Abgründe in

den Menschen zutage zu fördern, also selbst wenn du und dein Ex Freunde *wart*, heißt das noch lange nicht, daß ihr immer noch Freunde seid.

Ihr könnt euer Nach-Trennungs-Freundschaftspotential testen, indem ihr ein paar leichte Fragen beantwortet:

✗ Wenn du und dein Ex über eure Gefühle füreinander sprecht, hältst du da mit irgend etwas hinterm Berg?

✗ Wirst du deinem Ex Lebewohl sagen, wenn er – oder du – jemand Neuen kennenlernt?

✗ Verspürst du einen Hauch von Mißmut, wenn dein Ex anruft?

✗ Meckerst du ständig, wenn ihr zusammen seid?

✗ Hast du noch sexuelle Gefühle für deinen Ex – oder umgekehrt?

Wenn die Antwort auf eine dieser Fragen ja ist, habe ich eine wichtige Mitteilung für dich: *Das mit der Freundschaft wird wohl nicht hinhauen.*

Wenn jedoch die Antwort auf all diese Fragen ein lautes und deutliches »Nein!« ist, solltest du den Versuch einer Freundschaft unbedingt unternehmen. Aber du magst vielleicht erst folgenden Rat beherzigen: »Ich habe festgestellt, daß es ziemlich schwer ist, über jemanden hinwegzukommen, wenn man ihn regelmäßig sieht und spricht«, sagte eine Frau. »Es ist besser, ein paar Monate voneinander Abstand zu nehmen. Auf diese Weise haben beide Gelegenheit, sich zu ändern, so daß man sich nicht mehr ganz so intim kennt. *Dann* kann man Freunde werden.«

Du solltest allerdings wissen, daß diese Freundschaft wahrscheinlich keinen allzu langen Bestand haben wird, selbst wenn du alles richtig machst: Zukünftige Partner neigen dazu, sich von der anhaltenden Präsenz von Verflossenen bedroht zu fühlen. »Mein Ex und ich hingen sehr aneinander, aber seine neue Freundin konnte mich nicht ausstehen«, erzählte eine

Frau. »Schließlich stellte sie ihm ein Ultimatum: ›Entweder sie oder ich.‹ Er entschied sich für sie.«

»Mein Ex und ich haben heute eine Bruder-Schwester-Beziehung«, sagte eine andere. »Trotzdem ist mein neuer Freund wahnsinnig eifersüchtig. Er weiß, daß ich mit meinem Ex über alles reden kann – und umgekehrt –, und da fühlt er sich völlig ausgeschlossen.«

In den meisten Fällen läßt man die Freundschaftsidee besser sausen und zieht einen sauberen Schlußstrich. Aus. Erledigt. Vorbei. Sicher, dein Ex haßt dich vielleicht eine Weile, aber er wird es schon verschmerzen. Und auch wenn nicht, besteht die Aussicht, daß *du es tust.*

11
Was tun, wenn dein Ex wieder angekrochen kommt?

 **SO, DU HAST** die Sache mit der Freundschaft abgeblasen, du hast einen sauberen Schlußstrich gezogen, und du merkst gerade, daß das Leben ohne Ex so schrecklich gar nicht ist. Murphys Gesetz besagt, sobald du diesen Grad emotionaler Stärke erreicht hast, wird dein Ex anrufen und so was faseln wie: »Ich liebe dich, und ich brauche dich, und du warst das Wunderbarste auf Erden!«*

Auf eins kannst du Gift nehmen, wenn es um Verflossene geht: Ihr Timing ist perfekt. Es muß einen seltsamen, untrüglichen männlichen Instinkt geben, der ihnen sagt, wann sie anrufen müssen, um die größte Wirkung zu erzielen. Wenn du ein Jahr brauchst, um sie zu vergessen, dann rufen sie *einen Tag* vor Ablauf dieses Jahres an. Brauchst du drei Monate, um sie zu vergessen, rufen sie in drei Monaten an.

»Über einen Zeitraum von fünf Jahren drängte sich mein Ex immer dann wieder in mein Leben, wenn ich gerade dabei war, über ihn hinwegzukommen«, erzählte eine Frau. »Kaum waren ein paar Monate verstrichen und kaum dachte ich: ›Es ist wirklich vorbei‹ – schon rief er am *selben Tag* an oder stand vor der Tür oder fand ich eine Karte von ihm im Briefkasten. Jedesmal schöpfte ich wieder für ein paar Wochen Hoffnung, dann fing der Trauerprozeß wieder von vorne an. Es war ein Teufelskreis.«

---

* Das ist ein echtes Zitat. Zum Heulen, nicht wahr?

149

Eine andere Frau sagte, sie habe fünf Jahre gebraucht, um ihren Ex zu vergessen, und gerade als sie dachte, sie wäre endgültig von ihm losgekommen, fing er an, sie heimlich aus der Wohnung seiner neuen Freundin anzurufen. Hier die Erfahrungen einiger anderer Frauen mit diesem absonderlichen Phänomen:

✘ »Mein Verlobter hat mich unmittelbar vor der Hochzeit verlassen, ohne mir einen Grund zu nennen. Anderthalb Jahre später machte ich allein Urlaub auf Hawaii und fing endlich an zu glauben, daß ich über ihn hinweg war und daß nun eine neue Phase meines Lebens begann. Ich war noch keine *Woche* zurück, da fing er plötzlich an, mir Bücher, Karten, Liebesbriefe und dutzendweise Rosen zu schicken.«

✘ »Mit Typen ist das bei mir immer so, daß sie mich erst mögen, wenn sie mit mir Schluß gemacht haben. Sechs Monate später kommen sie wieder an und jammern: ›Du warst das Beste, was mir je passiert ist! Warum hab' ich mit dir Schluß gemacht?‹ ›Weil ich so blöd war und dir immer ein gutes Selbstgefühl vermittelt habe‹, lautet die Antwort.«

✘ »Einige Monate nachdem ich mich von meinem Ex getrennt hatte, fing irgend jemand an, mich alle Viertelstunde anzurufen, um dann wieder aufzulegen, zu jeder Tageszeit. Ich wußte, es war mein Ex. Alle paar Tage rief ich ihn an und sagte ihm, er soll damit aufhören. Er stritt immer ab, daß er es war, und versuchte dann, mich in ein Gespräch zu verwickeln. So ging das über ein Jahr lang. Schließlich hab' ich mir eine Geheimnummer geben lassen.«

Die Frage aller Fragen auf den Lippen dieser Frauen war: »*Warum?* Warum hat er nicht früher angerufen, als ich ihn noch wirklich vermißte? Warum hat er gewartet, bis ich gerade wieder anfing, Selbstvertrauen zu entwickeln – ohne ihn?«

Es gibt verschiedene mögliche Erklärungen. Eine ist wissenschaftlicher Natur: Offenbar gibt es eine für Männer typische vorübergehende Nach-Trennungs-Psychose, bei der sie, lange nach der Trennung, plötzlich denken, sie stecken noch mitten in der Beziehung. Sie fangen an, in der ersten Person von dir zu sprechen, rufen dich an, als wäre überhaupt keine Zeit vergangen, und schicken dir kranke Briefe mit Sätzen wie: »Was ist los mit dir? Wieso hast du diese Woche nicht mit mir geredet?«

Der legendäre Thomas Disch* sagte einst: »Kreativität ist die Fähigkeit, Beziehungen zu sehen, wo keine sind«, und vielleicht hat er das hier gemeint. Laß dich jedoch durch diese intellektuelle Betrachtung nicht davon abhalten, eilends einen Brief an deinen Ex abzuschicken, in dem du schreibst: »Ich habe nicht mit dir gesprochen, weil wir uns *vor zwei Jahren* getrennt haben, du Depp.« *Daraufhin* müßte seine Seifenblase zerplatzen.

Eine weitere Erklärung für die Sache mit der Zeitverzögerung liefert uns einer der größten Köpfe unserer Zeit, die weise Philosophin und scharfsinnige Gelehrte, die auch als Madonna bekannt ist. »Ablehnung ist das stärkste Aphrodisiakum«, sagt sie in ihrem Song »Forbidden Love«.

Heil der allwissenden, allsehenden Göttin der Beziehungsweisheit. Moment – das bin *ich* doch. Na ja, Heil auch der guten Madonna.

Die Sache ist die: Wenn ein Mann mit einer Frau Schluß macht, denkt er den Schritt nicht bis zu Ende durch. Ihm ist nicht klar, daß das bedeutet, er wird sie nie wieder sehen oder nie mehr mit ihr sprechen. Das ist zum Teil auf Selbstsucht zurückzuführen (»Sie *kann* gar nicht ohne mich leben«) und zum Teil auf Dummheit (»Sie *kann* gar nicht ohne mich leben«). Viele Männer glauben, sie könnten ihre Exfreundin je-

* Nein, ich habe auch nicht den leisesten Schimmer, wer das ist.

derzeit anrufen und sie käme sofort zu ihnen zurückgerannt. (Das beweist, wie wenig Männer tatsächlich durchblicken – die armen Tröpfe.)

Wenn ein Typ merkt, daß eine Frau *nicht* vor ihm kriechen und um seine Liebe betteln wird, ja sogar buchstäblich vergessen hat, wie er aussieht, faßt er das als persönlichen Affront gegen seine Männlichkeit auf und beschließt, daß er die Frau um jeden Preis zurückgewinnen muß.

Letztendlich läuft es auf den Faktor der Herausforderung hinaus. Beziehungen stecken voller grausamer Ironien, und eine der grausamsten ist diese: Sobald wir elenden menschlichen Kreaturen etwas nicht haben können, *wollen wir es auf Teufel komm raus.* (Es ist so ähnlich wie dieser peinliche Aloe-Vera-Vorfall, von dem ich euch erzählt habe.)

In nur wenigen Sekunden verwandelst du dich vom persönlichen Fußabstreifer deines Ex zu seinem heiligen Gral. Also wappne dich! Er wird alle Register ziehen.

Als erstes wird dein Ex höchstwahrscheinlich versuchen, dich mittels der Kriechverteidigung zu entwaffnen: »Ich war so ein gräßlicher Kerl, ich hab' dich wie Dreck behandelt, ich hab' dich gar nicht verdient, laberdilaber.« Damit, daß er sich selbst die Schuld am Scheitern der Beziehung gibt, bezweckt er dreierlei: (1) Es klingt wie eine Entschuldigung, (2) es schmeichelt deinem Ego, und (3) es hält dich davon ab, aufzulegen.

Hat er deine Aufmerksamkeit erst mal erheischt, wird er erzählen, er habe sich geändert. »Ich bin nicht mehr dieser Typ von früher, ich bin ein neuer Mensch, laberdilaber.«

Darauf wird er sofort an dein Mitgefühl appellieren, indem er die Mitleidsnummer abzieht. »Seit wir uns getrennt haben, ist mein Leben die Hölle. Ich hab' meinen Job verloren, mein Hund ist gestorben, laberdilaber.«

Dann holt er zum K.-o.-Schlag aus: »Ich muß dich sehen. Wenn ich dich nicht sehen kann, tu' ich vielleicht was Schreckliches, laberdilaber.«

Laß dich nicht einwickeln! Vermeide um jeden Preis eine Begegnung mit ihm! Ehe du dich von den cleveren Finten deines Ex umgarnen läßt, lies diese Horrorgeschichten:

✘ »Zwei Monate nachdem wir Schluß gemacht hatten, schrieb mir mein Ex in einem Brief, er habe sich ›wirklich geändert‹ und ›mich immer geliebt‹. Er hatte mir noch nie gesagt, daß er mich liebte; kein Wunder also, daß ich völlig von der Rolle war. Törichterweise willigte ich in eine Verabredung ein. Kaum sah ich ihn, da bereute ich es schon. Ja, er hatte sich in der Tat verändert: Er war *noch* unausstehlicher geworden.«

✘ »Ein Jahr nach der Trennung lud mich mein Ex ein, vorbeizukommen und ›in seinem Garten zu arbeiten‹. Wenige Minuten nach meiner Ankunft hatte er bereits alle meine wunden Punkte getroffen, und ich war in Tränen aufgelöst. Dann sagte er: ›Nicht weinen. Komm, wir gehen in den Garten‹, und drückte mir eine kleine Axt und einen Hohlspatel in die Hand. Von dem Augenblick an hab' ich kein Wort mehr von dem, was er sagte, mitbekommen. Ich hab' immer nur zwischen ihm und der Axt hin- und hergeschaut und mich gefragt, wie er wohl ohne Kopf aussehen mochte.«

✘ »Mein Problem war schlimmer. Sobald *ich* meinen Ex sah, wollte ich ihn zurück. Und sobald er wußte, daß er mich hatte, hat er mich wieder eiskalt abserviert.«

Nur keine Panik! Es gibt jede Menge schmieriger Taktiken, um deinen Ex ein für allemal aus deinem Leben zu drängen.

Plan A: Erstick die Sache im Keim, wenn er anruft, indem du entweder (1) so tust, als wärst du mitten im Geschlechtsakt, (2) einen ausländischen Akzent annimmst oder (3) schrille Pieptöne von dir gibst und leierst: »Kein Anschluß unter dieser Nummer.«

PLAN B: Falls diese Taktik nicht funktioniert, mußt du eine härtere Gangart einlegen. »Wenn dein Ex wieder anruft, sag ihm: ›Tut mir leid, aber von nun an häng' ich auf, wenn ich deine Stimme höre‹«, empfahl eine Frau. »Und sag ihm, wenn er vor deiner Tür auftaucht, wird dir nichts anderes übrigbleiben, als die Polizei zu rufen. Dann *zieh es auch durch*, sonst nimmt er dich nicht ernst und wird eine offene Tür sehen.«
Anmerkung: Diese Taktik braucht eventuell etwas länger, bis sie greift. Einer meiner Verflossenen rief mich nach unserer Trennung regelmäßig an, obwohl ich konsequent immer sofort auflegte. Ich glaube, ich habe ganz einfach nicht schnell genug reagiert. Er fragte: »Ist Beth da?«, und bevor ich mich bremsen konnte, sagte ich automatisch: »Am Apparat.« *Dann* merkte ich, wer es war, und legte sofort den Hörer auf. Aber es war zu spät: Ich hatte diese zwei Wörtchen bereits gesagt. Nachdem das etwa ein Jahr so gegangen war (»Ist Beth da?« »Am Apparat.« *Klick*), hat er's endlich gefressen. Damit dir das nicht passiert, häng dir meine fabelhafte Anrufbeantwortungstafel zum Ausschneiden übers Telefon (siehe Kästchen Seite 158).

PLAN C: Wenn dein Ex immer noch nicht begriffen hat, was »Nein« heißt, ist es Zeit, jene am meisten gefürchtete Taktik anzuwenden – nämlich ihn von einem anderen Typen körperlich bedrohen zu lassen. »Ich hab' mit meinem Ex Schluß gemacht, nachdem er mich betrogen hatte«, erzählte eine Frau. »Zwei Jahre später fing er an, ständig anzurufen. Schließlich sagte ich: ›Na schön, dann komm vorbei, und wir sprechen uns aus.‹ Als er vor dem Haus vorfuhr, rief ich rasch einen bulligen Freund von mir an und sagte: ›Mein Exfreund ist hier und macht mich an, ich hab' echt Angst. Könntest du bitte mal vorbeikommen?‹ Bald darauf klingelte es, und ein Typ wie ein Schrank kam rein, zeigte mit dem Finger auf meinen Ex und sagte: ›Wenn du nicht *sofort* abhaust, tret' ich dir in den Arsch!‹ Es funktionierte: Mein Ex verschwand für immer.«

Anmerkung: Es klappt auch bei Drohungen aus zweiter Hand. Eine Frau sagte zu ihrem Ex:»Meine Brüder sagen, ich soll dir folgendes ausrichten: Wenn du mich jemals wieder belästigst, schneiden sie dir die §§$%& ab.« Seitdem hat sie nichts mehr von ihm gehört.

Plan D: Wenn dein Ex *immer* noch nicht von der Bildfläche verschwunden ist, spürt er wahrscheinlich, daß du hin- und hergerissen bist und dich tatsächlich mit dem Gedanken trägst, ihn wiederzusehen.

Ich wollte das eigentlich nicht tun, aber du läßt mir keine andere Wahl: Nun bin ich gezwungen, das Top-secret-12-Schritte-Programm zur radikalen Ex-Termination auf den Tisch zu legen.

Anmerkung: Die folgenden Informationen sind NUR FÜR DEINE AUGEN bestimmt. Unter keinen Umständen darf irgendein Angehöriger des anderen Geschlechts★ hinter dieses Geheimnis kommen, sonst *werden Beziehungen, wie wir sie kennen, aufhören zu existieren.* Aus diesem Grunde bitten die Mitglieder der Schwesternschaft darum, daß du die folgende Passage, sobald du sie gelesen hast, *herausreißt und aufißt.* Vielen Dank.

Schritt 1: Bring deinen Ex irgendwie dazu, zu dir zu kommen. *(Trefft euch* nicht *auf neutralem Boden.)*

Schritt 2: Arrangiere es, daß eine Freundin anruft, während dein Ex da ist.

Schritt 3: Bevor dein Ex kommt, bedeckst du sämtliche Stühle, Couch und Bett mit Büchern, Zeitschriften und Bergen von schmutziger Wäsche, so daß nur noch ein Sitzplatz für ihn

★ Code für »Männer«.

übrigbleibt. Dieser »Sitzplatz« muß etwas Niedriges sein, zum Beispiel ein Schemel oder ein Sitzkissen.

Sᴄʜʀɪᴛᴛ 4: Wenn dein Ex eintrifft, führst du ihn in die Wohnung, wobei du ihm die Hand auf den Nacken legst und einen leichten Druck ausübst.

Sᴄʜʀɪᴛᴛ 5: Biete ihm den einzig verfügbaren Sitzplatz an. Nimm dann die Bücher vom höchsten Stuhl, den du hast, und plazier ihn so, daß du deinem Ex genau gegenüber sitzt und dabei auf ihn hinabschaust.

Sᴄʜʀɪᴛᴛ 6: Jetzt wird dein Ex sich allmählich etwas unbehaglich fühlen und dich vielleicht um ein Glas Wasser, einen Aschenbecher oder ähnliches bitten. Wenn er das tut, sag ihm, er soll es sich selbst holen. *Es ist von größter Wichtigkeit, daß dein Ex nie deinen Hinterkopf zu sehen bekommt.*

Sᴄʜʀɪᴛᴛ 7: Bitte deinen Ex in deinem besten Jugendpsychologen-Tonfall, dir zu sagen, was er empfindet. Antworte mit »Hmms«, »Äh-hähs« und mit Sätzen, die mit »Mir scheint, daß …« beginnen. Benutze *nie* die Wendung »Ich habe das Gefühl« und vermeide jegliche Schuldzuweisung.

Sᴄʜʀɪᴛᴛ 8: Wenn deine Freundin wie vereinbart anruft, tu so, als wäre sie dein neuer Liebhaber. Kicher leise und sag: »Ich kann jetzt nicht reden.« Dann leg auf.

Sᴄʜʀɪᴛᴛ 9: Bring das Gespräch mit deinem Ex mit folgenden Worten zum Abschluß: »Es tut mir wirklich leid, daß alles für dich im Moment so verquer läuft. Sag mir Bescheid, wenn ich dir irgendwie helfen kann.« Benimm dich so, als täte er dir aufrichtig leid.

Sᴄʜʀɪᴛᴛ 10: Führ deinen Ex zur Tür, wobei du ihm wieder die Hand auf den Nacken legst.

Schritt 11: Dein Ex wird dich vermutlich einige Tage später anrufen. *Laß den Anrufbeantworter laufen und ruf nicht zurück.*

Schritt 12: Wenn du deinen Ex das nächste Mal siehst, zerzaus ihm das Haar und behandle ihn wie einen kleinen Bruder.

Die Frau, die mir dieses 12-Punkte-Programm verraten hat, schwor, daß es bei allen, die es ausprobiert haben, funktioniert hat. »Es ist ein enorm potenter Schachzug, und er stellt sicher, daß das letzte Bild, das dein Ex von dir hat, ein Bild der Würde ist«, sagte sie. »Hiernach wird er dich anflehen, zu ihm zurückzukommen, und jedes Verlangen nach ihm wird auf der Stelle in dir erlöschen.«

Tja, der Herausforderungsfaktor schlägt wieder zu. Nur diesmal arbeitet er zu *deinen* Gunsten.

Elizabeth Kusters fabelhafte
Anrufbeantwortungstafel zum Ausschneiden

ER		DU
»Ich war so ein gräßlicher Kerl. Ich hab' dich wie Dreck behandelt. Ich hab' dich gar nicht verdient.«		*(Klick.)*
»Ich bin nicht mehr dieser Typ, der ich früher war. Ich bin ein neuer Mensch.«		*(Klick.)*
»Seit wir uns getrennt haben, war mein Leben die Hölle. Ich hab' meinen Job verloren, mein Hund ist gestorben …«		*(Klick.)*
»Ich muß dich sehen. Wenn ich dich nicht sehen kann, tu ich vielleicht was Schreckliches.«		*(Klick.)*
»Hallo, hier ist …«		*(Klick.)*

12
Die Gefahren des Schicksals

*»Er rief an, während ich an ihn dachte –
also sind wir füreinander bestimmt.«*

 **ICH DACHTE, ES** wäre vielleicht ganz vernünftig, ein paar Worte über das Schicksal zu verlieren. Der Glaube an die Macht des Schicksals hat schon so manche starke Frau wieder in die Arme eines absoluten Affenarschs getrieben.

Ja, Frauen erspähen das Schicksal an den unmöglichsten Stellen. Hier sind einige der Dinge, die Frauen für »ein Zeichen dafür, daß es mir bestimmt war, zu meinem Ex zurückzukehren« hielten:

✘ ihrem Ex auf der Hochzeit eines gemeinsamen Bekannten über den Weg zu laufen,

✘ ihrem Ex außerhalb der Wohnanlage, in der sie beide wohnen, über den Weg zu laufen,

✘ ihrem Ex im Büro, wo sie beide arbeiten, über den Weg zu laufen,

✘ ihrem Ex über den Weg zu laufen, als sie zum 13000sten Mal an seinem Haus vorbeijoggte,

✘ ihrem Ex über den Weg zu laufen, als sie in seine Wohnung einbrach und vergeblich nach ihrem Kontaktlinsenbehälter suchte.

Für eine Frau war die Geographie das Schicksal. »Nachdem ich von Boston nach New York gezogen war, entdeckte ich, daß ich in derselben Straße wohnte wie mein Ex, nur auf der gegenüberliegenden Seite, und daß ich sogar in seine Wohnung sehen konnte, wenn ich mein superstarkes Fernglas zu Hilfe nahm, mich ganz weit aus dem Fenster lehnte und mir den Hals dabei schmerzhaft verrenkte.«

Zufall? Vielleicht. Pech? Vielleicht. Aber *Schicksal*? Das bezweifle ich.

Manche Frauen glauben sogar, *guter Sex* sei ein Wink des Schicksals. »Mein Ex hatten einen so perfekten Penis«, sagte mir eine Frau. »Keiner hat einen so vollkommenen Penis wie er. Ich glaube, unsere Körper sind füreinander bestimmt.«

Ich versuchte dieser Frau zu erklären, daß es eine Menge nett aussehender Penisse da draußen gab, aber sie wollte nicht … ähm … anbeißen. Wieder einmal hatte das Schicksal sein häßliches Haupt erhoben.

Ob ihr's glaubt oder nicht, auch ich habe mich schon an das Schicksal gewandt, um eine Antwort auf meine Beziehungsprobleme zu erhalten. Ich denke da an eine ganz bestimmte Trennung. Ich hatte den Bruch herbeigeführt und befand mich nun in einem Widerstreit der Gefühle, weil mir einerseits klar war, daß mein Ex und ich nicht viel gemein hatten, ich mich andererseits doch noch von ihm angezogen fühlte.

Mit anderen Worten, da war ein Teil von mir – ein Teil, der ungenannt bleiben soll, weil meine Eltern das hier lesen –, der die Trennung wirklich bedauerte und wollte, daß ich zu meinem Ex zurückkehrte.

Dieser Konflikt, den Historiker später den Krieg zwischen Hirn und Hormonen titulierten, währte eine ganze Zeit lang. Manchmal hatte das Hirn, na ja, die Nase vorn, und es vergingen Tage, ohne daß ich an meinen Ex auch nur dachte. Dann wiederum starteten die Hormone einen Überraschungsangriff und bombardierten mein Hirn mit Botschaften wie: »Ruf ihn an! Er soll vorbeikommen! Sonst führen wir einen äußerst offensiven Schlag gegen deine niederen Regionen!«

Außerstande, eine klare Entscheidung zu treffen, wandte ich mich ratsuchend an die Schicksalsgöttin. Ich las jedes Horoskop, das mir zwischen die Finger kam, und suchte nach Hinweisen darauf, ob ich nun meinen Ex anrufen sollte oder nicht. Ich ließ mir aus den Teeblättern lesen. Ich fing an, die Weissagungen in meinen chinesischen Glücksplätzchen ernst zu nehmen. Ich ging sogar so weit, meine eigene Version des Glücksplätzchenspiels zu kreieren, jenes, bei dem man die Worte »im Bett« an den Glücksspruch anhängt, um ihm eine ganz neue Bedeutung zu geben. Nur, daß ich die Worte »in deiner Beziehung mit deinem Ex« anhängte.

Eine Wahrsagung, die lautete: »Sing ein Lied. Deine kreativen Säfte fließen« lautete jetzt: »Sing ein Lied. Deine kreativen Säfte fließen *in deiner Beziehung mit deinem Ex.*«

»Glück beginnt mit einem Lächeln und einem Zwinkern« wurde zu »Glück beginnt mit einem Lächeln und einem Zwinkern *in deiner Beziehung mit deinem Ex.*«

Und »Romantik kommt auf sehr ungewöhnliche Weise« bedeutete »Romantik kommt auf sehr ungewöhnliche Weise *in deiner Beziehung mit deinem Ex.*«

Es war klar, daß ich professionelle Hilfe brauchte. Ich tat also, was jede Frau an der Grenze zur Normalität in dieser Situation getan hätte: Ich ging zu einer Wahrsagerin und ließ mir aus der Hand lesen.

»Du wirst einen Fremden kennenlernen«, orakelte sie, während sie auf die Linien in meiner Handfläche starrte.

Ich betrachtete meine Handfläche auch, konnte aber nicht das geringste sehen. »Wie sieht dieser Mann aus?« fragte ich.

»Er ist dunkel und ziemlich groß«, erwiderte sie. »Ich sehe eine Hochzeit. *(Pause.)* Das macht zwanzig Mark.«

»Die Hochzeit?«

»Nein. Mein Honorar.«

Ich zahlte und ging nach Hause, während mein Hirn auf Hochtouren lief. »Sie hat eindeutig meinen Ex gemeint!« dachte ich bei mir. »Er hat *dunkelblonde* Haare, und 1,67 m ist ziemlich groß! Wir müssen füreinander bestimmt sein!«

Gottlob setzte die Wirklichkeit wieder ein. »Dunkel«, dämmerte mir, konnte alles bedeuten von dunkelhaarig über sonnengebräunt bis zu zwielichtig. »Ziemlich groß« konnte alles bedeuten von 1,65 m bis 2,15 m. Und mit »Fremder« konnte jeder Mann auf dieser Welt gemeint sein.

Traurig blickte ich der Tatsache ins Auge, daß mein »Schicksalsspruch« so vage war, daß die Wahrsagerin das Ganze genausogut erfunden haben konnte. Und selbst wenn das nicht der Fall war, war es möglich, daß ich die Botschaft total mißverstanden hatte.

Eine Episode aus *Geschichten aus der Gruft* veranschaulicht, was ich meine.

SZENE 1: Demi Moore geht zu einer Wahrsagerin, die ihr prophezeit, sie werde einen starken Mann heiraten, der eine Million erben wird.

SZENE 2: Demi geht zur Arbeit und lernt einen abartig fetten Typ kennen, der wirklich riesige Lippen hat. In der Annahme, es handele sich um diesen künftigen Millionär, flirtet sie mit ihm. Er verliebt sich in sie, da sie die einzige Frau im Umkreis von tausend Kilometern ist, die ihn eines Blickes würdigt (außerdem sieht sie ganz gut aus).

SZENE 3: Der Dicke macht ihr einen Antrag, und Demi nimmt an, obgleich sie sich weigert, mit ihm zu schlafen, weil er aussieht wie ein gestrandeter Wal, nur fetter.

SZENE 4: Bald nach der Hochzeit geht Demi einkaufen und gewinnt eine Million. (Na ja, ist halt Fernsehen.)

SZENE 5: Demi rennt nach Hause und denkt, daß sie endlich von ihrem schrecklichen Mann loskommt. Ehemann erwischt sie beim Kofferpacken und fleht sie an, nicht zu gehen. Sie hört nicht auf ihn. Er erwürgt sie. Sie stirbt.

SZENE 6: Ehemann erbt eine Million und wird so zum Millionär.

Na schön, dies ist ein extremes und höchst unrealistisches Beispiel. Trotzdem glaube ich, wir sollten die ganze Sache mit der Wahrsagerei noch mal überdenken. Ich meine, seien wir doch ehrlich: Der einzige Grund, warum wir Frauen Wahrsagerinnen aufsuchen, ist doch, um zu erfahren, ob wir jemals heiraten werden. Und nach einer Trennung hören wir sicher lieber, daß wir unseren Ex heiraten werden, als daß wir *überhaupt nichts übers Heiraten* zu hören kriegen. Das wissen Wahrsagerinnen. Sie lernen das im Wahrsagekurs. »Hier sind die einzigen vier Dinge, die Sie jemals über das Wahrsagen zu wissen brauchen«, sagen ihre Lehrer. ›Nummer eins: Erzählen Sie Frauen immer, daß sie demnächst einen Fremden kennenlernen. Nummer zwei: Erzählen Sie ihnen immer, daß dieser Fremde groß und dunkel ist. Nummer drei: Erzählen Sie ihnen immer, daß Sie eine Hochzeit sehen. Und Nummer vier: Tragen Sie immer, immer goldene Reifohrringe. Der Unterricht ist beendet.«

Man könnte dagegenhalten, daß Wahrsagerinnen uns einen Gefallen tun, weil sie uns Hoffnung auf die Zukunft geben. Das mag stimmen. Aber es kann auch sein, daß sie dir nach einer Trennung, wenn du ganz besonders anfällig bist, Hoffnung auf die *falsche* Zukunft machen. Außerdem ist der Glaube an das Schicksal eine Ausflucht: Er suggeriert dir, du müßtest die Verantwortung für dein Leben nicht selbst übernehmen.

Aus all diesen Gründen bin ich der Meinung, daß der Glaube an das Schicksal mit folgendem Warnschild versehen werden sollte:

Kurzum, an die Macht des Schicksals zu glauben kann es dir erschweren, einen Ex zu vergessen. Versuch also vorläufig, um Horoskope, Tarotkarten, die Numerologie, Wahrsager und Leute, die aus den Beulen an deinem Kopf »lesen«, einen großen Bogen zu machen. Denk dran: Wenn du und dein Ex euch getrennt haben, dann war in Wirklichkeit mit eurer Beziehung etwas nicht in Ordnung. Daher ist es möglicherweise dein Schicksal, *jemand anderen* kennenzulernen.

13

FilmE, BüchER uNd SoNqs, diE du diR iN diEsER PhasE zu CEMütE FühREN sollTEsT

(UNd solchE, diE du wiE diE PEsT mEidEN sollTEsT)

EmpfEhlENswERTE FilmE

✗ Mach-Kleinholz-aus-seinem-Kram-Filme – *Zebo, der Dritte aus der Sternenmitte* ist ein gutes Beispiel: Nachdem ihr Ex sie betrogen hat, verbrennt Geena Davis seine LPs und rollt eine Bowlingkugel in seinen Computerbildschirm. Nur zuzusehen ist schon kathartisch.

✗ Filme über Frauen, die ihre Unabhängigkeit erringen, wie zum Beispiel *Susan verzweifelt gesucht, Die unglaubliche Entführung der verrückten Mrs. Stone* und *Thelma und Louise.*

✗ Er-kam-zurück-aber-sie-wollte-ihn-nicht-Filme, wie *Die Erbin* (mit Olivia de Havilland und Montgomery Clift). Die Serienfilme *Halloween, Freitag der 13.* und *Nightmare on Elm Street* werden dich geistig auf die Rückkehr deines Ex vorbereiten.

Zu mEidENdE FilmE

✗ Füreinander-gemacht-Filme, unter anderem *Schlaflos in Seattle, Der Himmel soll warten, Der Mann ihrer Träume* oder sonstiges, was mit Schicksal oder Vorbestimmung zu tun hat.

✗ Jeder Film, in dem die Hauptdarsteller sich trennen und sich wieder versöhnen (*Nochmal so wie letzte Nacht* usw.).

✗ Filme, die Verzweiflung oder Bitterkeit in dir auslösen, wie *Splash – Jungfrau am Haken* (sogar eine verflixte Wassernixe kriegt einen Mann – wieso klappt das bei *mir* nicht?) und *Ein Offizier und Gentleman* (Frau findet Liebe, während Jungferfreundin schluchzt).

Zu meidende Bücher

✘ Liebesromane: In diesem Stadium könnten sie dich dazu verleiten zu denken: »Hmm. Vielleicht *war* mein Ex ja wie Fabio, ich hab's nur nicht gemerkt!« (Dies ist bekannt als das Froschkönigsyndrom).

Empfehlenswerte Songs

✘ »Hau ab – ich kann ohne dich leben«-Songs: Dazu zählen: »Enough is enough« (was genug ist, ist genug), »You keep me hanging on« (du läßt mich doch nur zappeln) und die allgegenwärtige Discohymne »I will survive« (ich werd's überleben).

Zu meidende Songs

✘ Wiedervereinigungssongs: »We can work it out« (wir biegen das schon wieder zurecht), »Why can't we be friends?« (warum können wir keine Freunde sein?) und natürlich »Reunited« (wieder vereint) von Peaches and Herb.

Dritter Teil

Also, langsam kannst du einem *wirklich* leid tun

6 Anzeichen dafür, daß du zum nächsten Therapeuten rennen – nicht gehen – solltest *

✗ Du sprichst weiterhin von Männern als »diesen merkwürdigen Menschen mit den komischen Hängedingern«.

✗ Jedes Lied im Radio erinnert dich immer noch an deinen Ex; du hast vom ständigen Senderwechseln sogar ein Karpaltunnel-Syndrom entwickelt.

✗ Du hast dir eine Talk-Show angesehen mit dem Thema »Neunundachtzigjährige, die immer noch an ihren Jugendlieben hängen« und gedacht: »Das bin ich eines Tages.«

✗ Gespräche mit deinem neuen Freund verlaufen so:
DU: Komisch. Das hat Derek auch immer gesagt.
NEUER FREUND: Derek, Derek, Derek! Alles ist immer Derek! Derek hier und Derek da! Ich bin nicht Derek! Und ich *will* auch gar nicht Derek sein! Ja, ich *hasse* diesen Derek! Ich wünschte, Derek wär' tot! Nein – ich wünschte, er wär' nie geboren! Diese Welt wär' tausendmal besser ohne Derek! *(Neuer Freund fällt dann auf die Knie und streckt die Arme zum Himmel empor.)* Warum, Herr? Warum mußte es einen Derek geben? *Warum?*

✗ Du *hast* keinen neuen Freund, weil du seit der Trennung *immer* noch nicht aus dem Schlafzimmer gekommen bist.

✗ Du verbringst deine Samstagabende zu Hause im Schaukelstuhl mit einer grauen Perücke auf dem Kopf und einem Küchenmesser in der Hand und murmelst: »Er kommt zurück. Das weiß ich genau.«

---

* Oder wenigstens dieses Buch weiterlesen.

14
Was zu tun ist, wenn ihr ganz lang zusammen wart und du immer noch nicht über ihn hinweg bist

»ICH EMPFINDE SEHR viel für sechs Männer aus meiner Vergangenheit: meinen allerersten Freund, den Typ danach, den Typ danach, den Vater meines Sohnes, meinen Mann und einen weiteren Freund«, sagte eine Frau. »An jeden dieser Typen denke ich mindestens einmal im Monat.«

Gut, ich gebe zu, daß der Fall dieser Frau etwas extrem sein mag. Das ändert aber nichts daran, daß es jede Menge von Frauen gibt, die über die Kerle, mit denen sie vor einer halben Ewigkeit zusammen waren, noch immer nicht hinweg sind. Solltest du eine davon sein, dann ist dieses ein Kapitel für dich.

Vier mögliche Gründe, warum du ihn nicht vergessen kannst

1. Deine Beziehung hat faktisch nie geendet. Eins der ganz besonders verdrießlichen Dinge an Männern, jedenfalls nach meiner Erfahrung, ist, daß sie versuchen, sich vorm Verabschieden zu drücken. Sie haben etwas gegen Endgültigkeit. Meine Theorie ist, daß sie sich gern alle Türen offenhalten. »Jetzt im Moment will ich sie nicht, aber *vielleicht* in ein paar Jahren oder so«, denken sie.

   Das ist ja alles ganz schön und gut – für *sie*. Leider bringt es uns um den Schlußstrich, den wir brauchen. »Als ich mich von meinem Freund getrennt habe, gab es keine Aussprache, keinen Streit, kein gar nichts«, erzählte mir eine Frau. »Es war so, daß ich mich immer fragte, ob es hätte gutgehen können. Wenn es irgendeinen Abschluß gegeben hätte, hätte ich ihn in einem angemessenen Zeitraum vergessen. Statt dessen dauerte es drei Jahre, obwohl ich wie verrückt mit anderen Typen ausging.«

»Meine Jugendliebe und ich haben uns aus den Augen verloren, als er mit seiner Familie fortzog«, sagte eine andere Frau. »Seit zwölf Jahren versuche ich ihn zu finden. Ich hab' sogar einen Privatermittler beauftragt! Ich will nur sehen, was aus ihm geworden ist, und ihm alles Gute wünschen.«

»Ich habe nie eine ehrliche Antwort von meinem Ex auf die Frage bekommen, warum er mich sitzenlassen hat – er faselte nur dauernd was von ›schlechtem Timing‹«, sagte eine andere. »Seit dieser Zeit denke ich immer wieder: ›Wäre ich ihm nur sechs Monate früher oder sechs Monate später begegnet, dann wären wir heute wahrscheinlich verheiratet.‹«

Nehmen wir mal den schlimmsten Fall an: Dein Ex verläßt dich Knall auf Fall, ohne ein Wort. Das war so vielen von den Frauen, die ich interviewt habe, passiert, daß ich allmählich den Verdacht hatte, ihre Verflossenen wären alle derselbe Kerl – Mister X, wenn ihr wollt.

»Ich war mit meinem Ex eineinhalb Jahre zusammen«, erzählte eine Frau. »Eines Tages verschwand er dann einfach. Ich hab' bei ihm zu Hause und in seinem Büro Nachrichten für ihn hinterlassen, aber er hat nie zurückgerufen. Er machte auch nie auf, wenn ich bei ihm zu Hause klingelte. Drei Jahre vergingen. Ich konnte in dieser Zeit nicht schlafen und hatte den Boden unter den Füßen völlig verloren. Dann bin ich ihm eines Tages auf der Straße über den Weg gelaufen, und es war, als hätte ich Jesus gesehen. Natürlich benahm er sich so, als sei nichts gewesen und als hätte er gerade am Tag zuvor noch mit mir gesprochen.«

»Mein Mann verließ mich – ging eines Tages einfach weg«, sagte eine andere Frau. »Ich konnte ihn nicht erreichen, weil ich keine Ahnung hatte, wo er war. Es hat sieben Monate gedauert, bis ich die Scheidung einreichte, denn ich hab' immer darauf gewartet, daß er zurückkommt.«

Eine andere erzählte: »Mein Ex wachte eines Morgens auf und sagte: ›Ich kann es nicht.‹ Ich dachte, er meinte Kaffeemachen. Wie sich herausstellte, sprach er von unserer Beziehung – er marschierte einfach zur Tür raus und kam nie zurück.«

Wohin gehen Typen, wenn sie verschwinden? Keiner vermag das wirklich mit Sicherheit zu sagen. Vielleicht schweben sie mit deinen fehlenden Socken irgendwo in einem schwarzen Loch herum. Vielleicht verstecken sie sich aber auch nur in ihren Löchern wie die Ratten, die sie sind.

2. IRGEND ETWAS AUS DER VERGANGENHEIT NAGT NOCH AN DIR. Manchmal kann man sich von einer Beziehung nicht lossagen, weil man etwas getan hat, dessen man sich schämt. Eine Frau konnte es sich selbst nicht verzeihen, daß sie ihren Namen geändert hatte, um ihrem Ex einen Gefallen zu tun. »Ich war für alle immer Maggie gewesen, aber ich fing an, mich Margaret zu nennen, weil mein Ex das schöner fand«, sagte sie. »Ich habe mich vor meinen Freunden total blamiert. Sie haben immer wieder aufgehängt, wenn der Anrufbeantworter lief, weil sie dachten, sie hätten sich verwählt. ›Margaret? Wer zum Kuckuck ist Margaret?‹ Ich hab' meine Identität völlig verloren.«

»Ich kann mir nicht verzeihen, daß ich mich wie eine Fußmatte behandeln lassen habe«, erzählte eine andere Frau. »Mein Freund, mit dem ich zusammenlebte, ging häufig abends aus und kam am nächsten Morgen in anderen Klamotten zurück, und ich sagte keinen Ton. Der Gedanke, daß er sich immer noch über mich kringelt, läßt mich nachts nicht schlafen.«

Und wieder eine andere Frau erzählte mir: »Ich bin diejenige, die fremdgegangen ist; mein Freund hat's erfahren, und das war das Ende. Ich kam mir so mies vor. Tu' ich heute noch. Ich bin nie dazu gekommen, mich zu entschuldigen.«

3. Du vermißt den Lebensstil. Manchmal vermißt du nicht wirklich deinen Ex, sondern dein früheres Ich. »Unsere Beziehung war so idyllisch«, schwärmte eine Frau. »Zwei Jahre lang wohnten wir in einem Haus am Strand. Es war eine goldene Zeit. Wir waren außer Rand und Band und lebten nur für den Augenblick. Wir fühlten uns so *frei*. Heute ist mein Leben genau das Gegenteil – und ich bin ganz besessen von der Erinnerung an meinen Ex.«

4. Dein Ex ist immer noch ein Teil deiner Gegenwart. Es ist verdammt schwer, einen Typen zu vergessen, wenn man für die Beziehung immer noch zahlt – im wahrsten Sinne des Wortes. Der Ex einer Frau ließ 5000 Mark von ihrem Konto mitgehen, als er verschwand. Daraufhin platzten so viele Schecks, daß ihre Kreditwürdigkeit dahin war. Eine andere Frau hatte einen nagelneuen Lieferwagen gekauft; ihr Ex fuhr damit weg und kam nie wieder zurück. »Später habe ich erfahren, daß er ihn für 1200 Mark verkauft hat«, sagte sie. »Ich ärgere mich immer noch schwarz – ich werd' noch zehn Jahre daran abzahlen.«

Es ist auch schwer, jemanden zu vergessen, wenn du ein Kind von ihm hast, mit ihm zusammen arbeitest oder ihr noch zusammen wohnt.

Ja, ich sagte, zusammen wohnt – und das ist verbreiteter als man denkt. Eine Frau erzählte mir, daß sie und ihr Ex nach der Trennung noch drei ganze Monate in der gemeinsamen Wohnung verbrachten. »Es war die reinste Hölle«, sagte sie. »Wir haben nicht mal miteinander geredet. Mir graute immer davor, nach Hause zu gehen.«

Eine andere Frau lebte noch zwei Monate mit ihrem Mann, nachdem er ihr eröffnet hatte, er wolle sich scheiden lassen. »Ich wollte, daß er es sich noch mal überlegt«, sagte sie. »Ich machte ihm Frühstück und gab ihm jeden Morgen einen Abschiedskuß, als hätte sich nichts geändert. Es war ein wahnsinniger Streß.«

Und der Mann einer anderen Frau blieb sogar, nachdem die Scheidung ausgesprochen war. »Er weigert sich, über einen Auszug überhaupt nur zu sprechen«, sagte sie. »Er benimmt sich so, als wäre nichts passiert − und ich bin zu feige, das Thema wieder anzuschneiden.« Soweit wir wissen, ist er *immer* noch da.

Ich glaube, wir können alle nachvollziehen, daß die oben beschriebenen Situationen ungefähr so gesund sind wie eine Portion *Fugu* aus dem Fast-food-Restaurant. Wenn du immer noch nicht über den Typen (oder die Beziehung) hinweg bist, ist es höchste Zeit für drastische Maßnahmen. Denk an das Gesetz des Raums: »Der kosmische Raum ist endlich, geschlossen.«

Upps! Falsches Gesetz! Was ich sagen wollte, war: »Um Raum für etwas Neues zu schaffen, muß Platz geräumt werden.«

Wie es eine Frau erklärte: »Unerledigte Geschäfte zehren deine Kräfte auf und hindern dich daran, weiterzukommen. Wenn du nichts unternimmst, um dem ein Ende zu setzen, tötest du alle schönen Erinnerungen.«

Wahrere Worte sind nie gesprochen worden. Na ja, gut, vielleicht doch − nur nicht in diesem Buch. Wie auch immer − wenn deine bisherigen Versuche, einen sauberen Schlußstrich zu ziehen, kläglich fehlgeschlagen sind, möchtest du vielleicht auf eine der folgenden erprobten und bewährten Verfahrensweisen zurückgreifen.

Warnung: Einige dieser Taktiken sind ziemlich herb.
Probiert sie bitte auf eigene Gefahr. Mit anderen
Worten, kommt nicht heulend zu mir gerannt, wenn
sie nicht funktionieren.

TAKTIK NR. 1: Sag deine Meinung. Wenn sich dein Ex ohne Erklärung aus dem Staub gemacht hat oder eure Beziehung im Zorn endete, wirst du aller Voraussicht nach keinen Abschluß bekommen, weil du nie Gelegenheit hattest, deine Gefühle zum Ausdruck zu bringen. In diesem Fall solltest du deinem Ex mitteilen, was du empfindest. Falls es dir beim Gedanken an ein Auge-in-Auge-Gespräch etwas mulmig wird, kannst du es ja mit einem Einschreibebrief versuchen. »Ich hatte Angst, ich könnte schwach werden, wenn ich meinem Ex persönlich gegenübertrat«, sagte eine Frau. »Also habe ich ihn und unsere Beziehung auf Papier analysiert und es ihm per Einschreiben mit Rückschein zugeschickt. Den Rückschein mit seiner Unterschrift zu sehen war für mich Abschluß genug.«
Man kann das auch mittels einer dritten Partei versuchen. »Ich habe mich über die Schwester meines Ex bei ihm entschuldigt«, erzählte eine andere Frau. »Ich sagte ihr: ›Ich war jung, ich war unreif, ich schäme mich für mein Verhalten. Sag ihm, es tut mir leid und ich wünsche ihm alles Gute.‹«

TAKTIK NR. 2: Tu so, als wäre er tot. Bette deinen Ex zur letzten Ruhe, wenn nicht wörtlich, dann wenigstens bildlich. Eine Frau machte das so: »Ein Jahr nach der Trennung schmiß ich ein Scheinbegräbnis für meinen Ex. Ich kaufte mir ein sexy schwarzes Kleid und lud all meine Freundinnen zum ›Leichenschmaus‹. Erst haben wir uns witzige Geschichten darüber erzählt, was mein Ex für ein Schwachkopf war. Dann haben wir mit einem Bild von ihm ›Steck dem Ex den Schwanz an‹ gespielt.* Später haben wir das Bild zerrissen, die Fetzen in einen Umschlag gesteckt und diesen feierlich in meinem Garten begraben. Es war ein rechtes Freudenfest.«

TAKTIK NR. 3: SAG dich AUCH VON SEINEN FREUNDEN UND SEINER FAMILIE los. Ich hielt das für selbstverständlich, aber eine Frau erzählte mir, sie läßt sich von der Schwester ihres Ex die Haare schneiden, und eine andere schickt den Eltern ihres Ex noch immer Weihnachtskarten. »Warum es dabei bewenden lassen? Warum nicht ins nächste Familientreffen hineinplatzen?« hätte ich am liebsten gefragt.

TAKTIK NR. 4: LAß dich SCHEiDEN. »Mein Ex und ich haben fünf Jahre zusammengelebt«, sagte eine Frau. »Nachdem wir uns getrennt hatten, ließ mich meine Freundin Marge fingierte Scheidungspapiere unterschreiben. Das verlieh der Trennung einen weitaus stärkeren Anstrich von Endgültigkeit.«

TAKTIK NR. 5: DER KNIFF MIT DER GESCHLOSSENEN TÜR. »Mein Mann und ich haben das gemeinsame Sorgerecht für unsere Kinder«, erzählte eine Frau. »Er nahm das als Ausrede, mich ständig anzurufen, was mich sehr verunsicherte. Ich dachte nicht, daß man das irgendwie abstellen kann – bis mir eine Freundin von ihrem Trick mit der geschlossenen Tür berichtete. Zuerst vergegenwärtigst du dir deinen Ex und alle Gefühle, die er in dir auslöst; dann stellst du dir eine massive geschlossene Tür vor. Das funktioniert tatsächlich. Nach einer Weile macht sich ein Gefühl des inneren Friedens mit dir selbst und deiner Beziehung in dir breit – und dein Ex wird das genau spüren, verlaß dich drauf.«

---

* Ein beliebtes Kinder-Gruppenspiel, das eigentlich »Pin the Tail on the Donkey« heißt. Dabei wird eine Tafel mit dem Bild eines Esels ohne Schwanz aufgehängt, und die Kinder müssen der Reihe nach mit verbundenen Augen den Schwanz an den Esel heften, was zwar selten zu anatomischer Korrektheit, dafür aber zu lautstarker Belustigung führt. (A. d. Ü.)

> »Die Trennung fiel
> mir besonders
> schwer, weil ich seine
> Eltern liebte und sie
> mich liebten. Sie
> wollten, daß wir
> heirateten. Es war
> schwer, von ihnen
> Abschied zu
> nehmen.«
> DALENA, LOS ANGELES

TAKTIK NR. 6: ZIEH IN EINE ANDERE STADT. Wenn dein Ex dich belästigt oder wenn jedes Gebäude und auch jeder Pflasterstein an deinem Wohnort eine Erinnerung an ihn wachruft, ist es Zeit für die »Flucht für immer«. Am besten machst du das so: ☛ Verbreite das Gerücht, deine Firma habe dich gewaltig befördert und versetzt dich nach L.A., wo sie dir auch die Miete für die Traumwohnung in der Melrose-Place-ähnlichen Residenz, in die du ziehst, bezahlen wird. ☛ Kauf eine von diesen lebensgroßen, aufblasbaren männlichen Puppen, plazier sie auf dem Beifahrersitz des Avis-Kleinlasters, park auf dem Weg aus der Stadt vor dem Haus deines Ex und knutsch mit der Puppe herum, bis du sicher bist, daß dein Ex dich gesehen hat.

»Ich bin nach Florida gezogen, um von meinem Ex wegzukommen«, sagte eine Frau. »Es war herrlich! Es war ein kompletter Szenenwechsel – und zu wissen, daß ich ihm nie wieder über den Weg laufen würde, war eine *irrsinnige* Erleichterung.«

Das wichtigste an diesen Taktiken ist, daß sie *dir* das Heft in die Hand geben. Und sobald du merkst, daß du Herrin der Lage bist, wirst du deinem Ex nicht länger vorwerfen, dein Leben verpfuscht zu haben. Das bewahrt dich davor, ein verbitterter Mensch zu werden.

Viele Leute glauben, man müßte einen Verflossenen hassen, um mit ihm endgültig abschließen zu können – doch das Gegenteil trifft zu: Jemanden hassen bedeutet, ihn länger mit sich herumzutragen. Außerdem bewirkt Haß, daß du dich beschissen fühlst. Das ist es, was zu Mord, Krieg und den besten Szenen von Talk-Shows wie Oprah★ führt.

Wonach wir streben, ist Gleichgültigkeit. Wir wollen dahin kommen, daß du deinem Ex auf der Straße begegnen kannst, während er gerade um die Hand seiner neuen Freundin Christy Turlington anhält, und statt ihnen beiden die Augen auskratzen zu wollen, wirst du denken: »Besser sie als ich.«
Viele sagen, Glücklichsein sei die beste Rache. Ich nicht. Wer will schon seinen Ex mit Christy sehen und denken: »Ich freu' mich ja so für ihn«? Näh, ich ziehe Gleichgültigkeit jederzeit vor. Er verdient deinen Segen nicht, dieses Stück Abschaum.
Anmerkung: Wenn du mit dieser Haßgeschichte nicht klarkommst, hilft es dir vielleicht, dir vor Augen zu führen, daß keine Beziehung *nur* schlecht ist. Jede einzelne lehrt dich etwas oder bringt irgendeine Freude in dein Leben. Zuallermindest gibt sie dir etwas, wovon du Gebrauch machen kannst für den Fall, daß du mal eine berühmte Schauspielerin wirst.

★ Wo es zwischen Gästen und Publikum häufig zu turbulenten Auseinandersetzungen kommt. (A.d.Ü.)

15
Eine neue Beziehung

Emotionaler Ballast – Hast du dein Gewichtslimit überschritten?

> Du verreist zum ersten Mal mit deinem neuen
> Freund und schleppst zwei Koffer.
> ER: Schatz, du hast viel zuviel Gepäck dabei.
> DU: Ach, der große da ist nur mein
> emotionaler Ballast.

 **WIE IHR IM** vorangegangenen Kapitel gesehen habt, bedeutet jemand Neuen kennenzulernen nicht automatisch, daß du deinen Ex vergißt. Oft genug bringt es sogar längst vergessene Gefühle wieder ans Tageslicht. Viele Frauen haben mir erzählt, daß sie von ihrem Ex erst so besessen wurden, nachdem sie eine neue Beziehung eingegangen waren. Es ist wichtig, auf diese mögliche Nebenwirkung gefaßt zu sein, denn sie könnte etwas Gutes zerstören.

HÄUFIGES PROBLEM NR. 1: IN DER ART, WIE ER IßT, TANZT, ATMET, DEINEN EX ZU SEHEN. Wir neigen dazu, uns von bestimmten Eigenschaften in Menschen angezogen zu fühlen; dein neuer Typ kann also durchaus einige derselben Macken haben wie dein Ex. Vielleicht stehen sie beide gern im Mittelpunkt oder üben sich mit Vorliebe im Weitspucken oder sprechen von ihrem Sexualorgan als ihrem »Hosen-Hecht«. (He, ich habe nie gesagt, daß diese Macken unbedingt angenehm sind.) Manche Frauen fühlen sich sogar zu Männern mit demselben *Namen* hingezogen: Eine Frau, die ich kenne, hatte fünf Steves hintereinander.* Das erwies sich eigentlich als ganz praktisch, als sie sich in der Hitze des Geschlechtsakts ein paarmal verplapperte.

HÄUFIGES PROBLEM NR. 2: Beide miteinander zu vergleichen, wobei dein neuer Typ den kürzeren zieht. Es kann Zeiten geben, da du dir wünschtest, dein Neuer wäre wirklich mehr wie dein Ex. »Mein Ex war ein sehr guter Lehrer«, sagte eine Frau. »Er brachte mir das Wasserskifahren bei und wie man Frisbee spielt. Mein Mann dagegen ist auf Konkurrenz bedacht; er könnte nie sagen:›Das machst du toll!‹«

»Mein Mann ist nicht so gebildet wie mein Ex«, sagte eine andere. »Manchmal muß ich ihm Sachen erklären, die mein Ex auf Anhieb verstanden hätte. Es ist irgendwie enttäuschend.«

Und wieder eine andere Frau sagte mir: »Mein Ex kuschelte gern, und das fehlt mir sehr. Mein Mann ist nicht so zärtlich.«

HÄUFIGES PROBLEM NR. 3: Zuzulassen, daß dein Ex dein Verhalten beeinflußt. »Ich koche eigentlich nicht gerne, und mein Ex hat deswegen immer an mir herumgemäkelt«, sagte eine Frau. »In meiner nächsten Beziehung glaubte ich, ihm das irgendwie heimzahlen zu müssen. Also wurde ich eine regelrechte Meisterköchin. Diese Taktik entpuppte sich als totales Eigentor: Mein neuer Freund dachte, ich wär' eine leidenschaftliche Köchin, und betrachtete meine Gourmetmahlzeiten als eine Selbstverständlichkeit.«

»Ich liebe die internationale Küche und war daher begeistert, als mich mein neuer Freund in einer Woche in drei exotische Restaurants ausführte«, erzählte eine andere. »Später habe ich erfahren, daß er ausländische Gerichte haßte und mich nur in

---

* Zeitlich natürlich.

diese Lokale geführt hatte, um seiner Verflossenen was zu beweisen. Ich hab' mich richtig verarscht gefühlt.«

HÄUFIGES PROBLEM NR. 4: Zu entdecken, daß du eine emotionale Allergie hast. Ich habe mal in einer populärwissenschaftlichen Zeitschrift gelesen, wenn jemand einen Autounfall hat, bei dem die Hupe festklemmt und nicht mehr ausgeht, kann er oder sie später auf Hupenlärm reagieren und durch die Aktivierung des Affektgedächtnisses zum Beispiel ängstlich oder deprimiert werden. Dasselbe kann passieren, wenn dein neuer Freund etwas tut, das dich an ein vergangenes traumatisches Erlebnis mit deinem Ex erinnert. »Immer wenn mein Ex log, benutzte er Wörter, die normalerweise nicht zu seinem Wortschatz gehörten«, sagte eine Frau. »Selbst heute verkrampft sich in mir alles, wenn mein Verlobter ein Wort wie ›Hybris‹ verwendet.«

Wissenschaftler haben entdeckt, daß unsere Gefühle über traumatische Ereignisse im selben Teil des Gedächtnisses gespeichert sind, wo die Angriff-oder-Flucht-Reaktion ausgelöst wird. Das kommt daher, weil in der Vorgeschichte das Erkennen bedrohlicher Situationen entscheidend für das nackte Überleben war. Das trifft immer noch zu, wenngleich es heutzutage mehr um das *emotionale* Überleben geht. Übersetzung: Wenn du ein potentielles Problem früh erkennst, kannst du dich eventuell davor schützen, verletzt zu werden.

Das einzige Problem dabei ist, jedesmal, wenn deine Angriff-oder-Flucht-Reaktion durch irgend etwas, was dein neuer Freund unbeabsichtigt tut, ausgelöst wird, werden dieselben Streßhormone freigesetzt und laufen durch dieselben Nervenbahnen und binden dich noch enger an diese schlechten Erinnerungen. Mit der Zeit werden diese stressenden Reaktionen ein Teil deines emotionalen Rüstzeugs, und du wirst eine »emotionale Abrüstung« brauchen. Die Experten schlagen die Einnahme eines Betablockers namens Propanolol vor, der das Affektgedächtnis beeinträchtigt, ohne das normale Gedächtnis zu beeinträchtigen. Ich schlage eine Gehirnoperation vor.

Wenn das nicht möglich ist, versuch's mal mit Indexkarten. Auf die eine Seite einer Karteikarte schreibst du den Stein des Anstoßes, und auf die Rückseite schreibst oder malst du etwas Neutrales. Beispiel: Seite eins »Hybris«, Seite zwei »Schweiz«. Dann übst du so lange mit den Karten, bis alle negativen Konnotationen schwinden.

HÄUFIGES PROBLEM NR. 5: Deinen derzeitigen Kavalier für alles bezahlen zu lassen, was dir dein Ex angetan hat. Wenn du jemanden verletzt, so wie dein Ex dich verletzt hat, nennt man das »die Verletzung spiegeln« (sozusagen »den Spieß umdrehen«, aber gegen den Falschen). Das ist sehr gehässig. Darüber hinaus kann es zu einer Kettenreaktion führen: Du machst es mit deinem neuen Freund, er macht es mit seiner nächsten Freundin usw., bis irgendwann *ich* den Typ am Ende der Kette kennenlerne und er es mit *mir* macht. Worauf ich dich aufspüren und dir den Hosenboden strammziehen werde.

Mindestens eins dieser Probleme taucht wahrscheinlich auf, wenn du eine neue Beziehung eingehst. Versuch es dann möglichst für dich zu behalten. Wenn dein neuer Freund dahinterkommt, könnte das zu einem wunden Punkt in eurer Beziehung werden. Mit etwas Glück werden die nachklingenden Erinnerungen an deinen Ex mit der Zeit verblassen. Sollte dich dein neuer Typ vorher nach deinem Ex fragen, möchtest du vielleicht den Rat von Heather Locklear befolgen: »Lüg, lüg, bis du stirbst.«

16
Filme, Bücher und Songs, die du dir in dieser Phase zu Gemüte führen solltest

(Und solche, die du wie die Pest meiden solltest)

Empfehlenswerte Filme

✘ Filme über gesunde Beziehungen (in diesem Stadium geben sie dir Hoffnung und halten dich davon ab, alle Männer in einen Topf zu werfen). Gute Beispiele sind *Die zweite Wahl – Eine Romanze, Harry und Sally, Der Untermieter, Die Reisen des Mr. Leary* oder jeder Film, in dem jemand sitzengelassen wird, darüber hinwegkommt und jemand viel Besseren kennenlernt.

✘ Filme, die die Wichtigkeit eines Schlußstrichs hervorheben, allen voran *Der Rosenkrieg* (Ehe löst sich in eine grimmige Scheidungsschlacht über materielle Besitztümer auf; beide Eheleute weigern sich, aus dem Haus auszuziehen).

Zu meidende Filme

✘ Unrealistische Romanzen: *Pretty Woman, Frankie und Johnny, Casablanca, Die große Liebe meines Lebens, Jane Eyre – Eine Frau kämpft um ihr Glück, Arthur – Kein Kind von Traurigkeit.* Und meide alle Walt-Disney-Filme: Es gibt keinen Märchenprinzen, Süße.

✘ Liebesromane: In diesem Stadium könntest du sonst denken, daß es den Märchenprinzen *doch* gibt. Denken ist eine absolute Torheit. Vergiß nicht: Männer sind eine höchst unvollkommene Spezies, auf die es nicht mal eine Geld-zurück-Garantie gibt. (Kaum denkst du, ein Typ ist vollkommen, da tut er auch schon etwas unglaublich Ekelhaftes, wie zum Beispiel ein lindgrünes Hemd mit einer kastanienbraunen Hose zu kombinieren.)

Empfehlenswerte Songs

✘ Eine Frau empfahl das Peter-Gabriel-Album *Us*: »Es handelt davon, wie seine eigene Ehe zerbrach und was für Beziehungsprobleme er seitdem hatte«, sagte sie.
Eine andere erzählte mir: »Es gibt einen Song von Billy Joel, in dem es heißt: ›In jedem Herzen ist ein Raum / eine Zuflucht sicher und stark / um die Wunden vergangener Lieben zu heilen / bis eine neue dir naht.‹«

Ich hätte es selbst nicht besser sagen können.

NACHWORT

Ihr habt jetzt seitenweise wahre Berichte von Frauen im ganzen Land gelesen. Die Geschichten in diesem Buch wurden aufgrund ihrer kathartischen Eigenschaften ausgewählt. Ich hoffe, sie haben euch geholfen zu erkennen, daß ihr (a) nicht allein seid oder (b) nicht so schlimm dran seid, wie ihr dachtet. Beide Auffassungen werden euch auf den Weg der Gesundung bringen.

Ich weiß, daß der überwiegende Teil der hier aufgeführten Exfreund-Storys recht negativ war und daß ihr inzwischen vielleicht wünschtet, alle Männer würden wieder zum Mutterschiff raufgebeamt und euch in Ruhe lassen.

Halt, keinen Schritt weiter! Rekapitulieren wir doch erst mal, was ich ganz am Anfang ausdrücklich festgestellt habe: MÄNNER SIND FABELHAFT. NUR EXFREUNDE SIND BESCHISSEN. Vergeßt nicht: Eure Exe sind deswegen eure Exe, weil sie nichts für euch waren, *auch wenn sie die Beziehung abgebrochen haben.* (Wenn sie für euch was gewesen wären, wärt ihr ja noch zusammen, stimmt's? Stimmt.)

Fürs Protokoll möchte ich noch festhalten, daß die meisten der von mir interviewten Frauen Männer gefunden haben, die um vieles besser waren als ihre Verflossenen. Viele sind jetzt glücklich verheiratet und können nicht fassen, was sie sich von ihren Exfreunden alles bieten lassen mußten. Andere haben Beziehungen mit Typen, die ihnen Respekt und Aufmerksamkeit entgegenbringen. Und wieder andere haben sich erst einmal für ein Singledasein entschieden; sie wollen lieber auf einen geeigneten Mann warten und sich nicht mit weniger zufriedengeben.

Ich falle in diese letzte Kategorie, teils, weil ich mich dafür entschieden habe, und teils, weil mögliche Kandidaten, sobald ich ihnen sage, daß ich ein Buch über Exfreunde schreibe, schreiend Reißaus nehmen. (Zögert nicht, euch dieses Kniffs zu bedienen, wenn ihr mal einen schmierigen Anmacher loswerden wollt.)

Aber ich bin nicht verbittert. Ja, ich bin sogar freudig gespannt: Nachdem ich dieses Buch geschrieben habe, bin ich buchstäblich ballastfrei und zuversichtlich, daß die Austreibung meiner Dämonen mir den Weg zu einer besseren Beziehung freigemacht hat. Hoffentlich hat mein Buch dasselbe für euch bewirkt.

Sollte euch das Konzept einer ballastfreien Beziehung einfach zu abstrus vorkommen, keine Sorge: Es ist anzunehmen, daß euer nächster Freund jede Menge Ballast für euch parat hat. Es sei denn, er hat dieses Buch gelesen, natürlich.

Ich habe so vielen Menschen zu danken, daß sich das Folgende wie eine Teufels-Dankrede für die Oscarverleihung lesen wird.

Pech für euch.

Zuerst möchte ich meiner fabelhaften Lektorin Betsy Radin dafür danken, daß sie mich praktisch aus der Versenkung gerissen hat mit den Worten: »Ich will, daß du ein Buch über Exfreunde schreibst.« Betsy, du bist der einzige Mensch, dem ich mich nie als Schriftstellerin beweisen mußte, und das werde ich dir nie vergessen. Danke!

Ich möchte auch meinem Vater Tom für seine fortwährende Begeisterung und Ermutigung danken. Danke, Dad, daß du immer hinter mir gestanden hast und mich nicht nur beim Schreiben dieses Buches, sondern auch in jedem anderen Aspekt meines Lebens unterstützt hast. Du bist einer meiner besten Freunde – und ich habe wirklich Glück, daß ich das behaupten kann!

Dank an meine Mutter Jeannie für die vielen Stunden, die sie mit mir am Telefon verbracht hat, während ich an diesem Buch arbeitete. Mom, du warst ein großartiger Resonanzboden. Ich weiß wirklich zu schätzen, daß du mir so geduldig zugehört hast, während ich dir jedes Wort (immer wieder) vorlas. Danke, daß du an den richtigen Stellen gelacht hast – das war die allergrößte Ermutigung!

Ich danke meiner zauberhaften Schwester Tammy dafür, daß sie sich die Zeit genommen hat, ihre »Erinnerungskartons«

durchzukramen und mir von ihren Verflossenen zu erzählen. Tammy, du warst immer mein Vorbild, und jetzt, als Krankenschwester, bist du im wahrsten Sinne des Wortes ein Vorbild für andere. Ich liebe und bewundere dich über alles!

Ich danke meiner fabelhaften Freundin Leslie Nilsson, daß sie mir ihre eigenen Beziehungsgeschichten erzählt und eine ehrliche und hilfreiche Kritik der ersten sieben Kapitel gegeben hat.

Besonderer Dank gilt allen meinen Freundinnen und Familienangehörigen, die mir ihre Unterstützung dadurch bewiesen haben, daß ich sie interviewen durfte: Leila Bowie, Dalena Ganakes, Jan Hennenfent, Julie Hillgartner, Amy Johnson, Beth Johnson, Pam Kohll, Jenny Kuster, Amy Mertens, Deb Nadolsky, Kris Roberson, Jane Taylor und Sue Vinella.

Und Dank allen anderen Frauen, die mir ihre Geschichten erzählt haben: Kyra, Jennifer, Maya, Shari, Petra, Dorian, Ilene, Wanda, Brenda, Kim F., Jackie, Linda, Juliet, Kim W., Angela, Carol, Shawna, Jeannie, Karen, Patty, Anne, Susie, Margaret, Dawn, Toni, Debbie, Lis, Elizabeth, Sabrina, Erica, Erin und Susan. Es war ein Riesenspaß, mit euch zu plaudern!

Dank allen Mitgliedern der ständig wachsenden Kuster- und Brown-Clans für all die Liebe und Unterstützung, die ihr mir über die Jahre gegeben habt. Ich liebe euch alle!

Besonders danken möchte ich meiner Urgroßmutter Georgia Baker und meinen wunderbaren Großeltern: Jeanette Kuster und Bernice und Claude Brown.

Dank meiner liebevollen Brooklyn-Familie, den Scottos, die sich in all den Jahren um mich gekümmert haben.

Besonders möchte ich Stephen Scotto, dem Mathegenie, danken, daß er mir bei der Ausarbeitung einer Formel zur Berechnung der Nachtrauerzeit geholfen hat, die wirklich funktioniert.

Ich danke meinem Freund Sunil Verma, daß er mir seinen Computer geliehen hat, als meiner den Geist aufgab, mir geholfen hat, den Originalentwurf zu formatieren und mich emotional aufgebaut hat, als ich eine Schreibblockade hatte.

Ich danke meiner Agentin Laura Blake, daß sie mich angenommen hat – ohne Fragen zu stellen – und mir bei dem ganzen juristischen Hokuspokus behilflich war.

Ich danke Sarah Gilbert, daß sie mich zu Laura dirigiert, mir bei dem Entwurf geholfen und mein Selbstvertrauen gestärkt hat.

Dank an Andrew Postman für seinen weisen Rat und seine Ermutigung.

Ich danke meinen fabelhaften Freunden Kathi Cook, David Dobzelecki, Lisa Galvin und Angela Glasgow dafür, daß sie mir Frauen zum Interviewen vermittelt haben.

Dank an alle von der Zeitschrift *Glamour* für die Starthilfe bei meiner journalistischen Laufbahn.

Besonderer Dank an Christine Fellingham für ihre Unterstützung.

Dank an Pam und Jeff Brick für ihren Enthusiasmus.

Dank meiner neuen Freundin SARK für ihre Intuition und Inspiration.

Ich danke der Stadt West Burlington, Iowa, daß sie ein so wundervoller, sicherer Ort zum Aufwachsen war.

Und last, but not least, danke ich all meinen Exfreunden dafür, daß sie einfach nichts für mich waren. Hätte es mit irgendeinem von euch geklappt, wäre dieses Buch nicht entstanden und ich nicht so fabelhaft geraten, wie ich heute bin.

Janis Abrahms Spring/Michael Spring
Treuebrüche
Die kreative Aufarbeitung des Seitensprungs
Aus dem Amerikanischen von Gabriele Herbst
Band 14249

Umfragen ergeben ein erschreckendes Bild: 90% aller (Ehe)Männer und 75% aller (Ehe-)Frauen bekennen sich dazu, zumindest einmal während ihrer Beziehung fremdgegangen zu sein. Untreue ist noch immer der Hauptgrund für Scheidungen. Aber *muß* der Seitensprung gleich zwangsläufig das Ende einer Beziehung bedeuten? Die Autoren sagen eindeutig nein – vorausgesetzt, beide Partner sind bereit, ernsthaft ihre Ansprüche zu überprüfen und ihr Miteinander neu zu erarbeiten. Sie zeigen, wie es beiden Betroffenen gelingen kann, mit den Verletzungen durch die Untreue umzugehen, ohne in das Täter/Opfer-Schema zu verfallen, und entweder zu verzeihen oder zu verdammen. Es geht ihnen auch nicht darum, Beziehungen um jeden Preis zu erhalten.

Doch wer gelernt hat, den Vertrauensbruch Seitensprung zu akzeptieren und sicher ist, daß die Beziehung trotzdem noch eine Chance hat, erfährt in diesem praktischen Anleitungsbuch, wie beiderseitige Verhaltensänderungen und gemeinsame Anstrengungen Schritt für Schritt zu erneuter – oft besserer – Vertrautheit führen können.

Fischer Taschenbuch Verlag